记取归来时候

——澳门回归祖国二十周年特辑

穆欣欣 廖子馨 主编

江蘇鳳凰教育出版社

序

海棠风里相迎

穆欣欣

数年前看兵马俑，陪同我们的是年轻又能说的当地导游小袁。

边走边看，小袁冷不丁问我一句：“谁烧的阿房宫？”

我不假思索地说：“项羽啊！”心下想，这问题小学生都能回答！

小袁紧接着又问：“说项羽放火烧阿房宫的又是谁呢？”

“刘邦啊！”

这一刻，我恍然大悟！小袁和我探讨的是一个“历史是由谁来书写”的问题。

刘邦是胜利者，历史从来是由胜利者书写。

读书时历史没学好，除了天生对数字有恐惧感记不住年份这一层原因之外，总觉得历史上的人和事离我太遥远，遥远到失真的地步。而那些历史事件又总以相似的面貌反复出现：王朝的更替不过是谁又把谁打败的一次次流血革命。我虽不属聪颖早慧一类，但对历史最初的感觉，却恰好对应了鲁迅先生的说法：历史是帝王将相和伟人的家史。

我总以对别人的家事不感兴趣为借口，来掩盖自己历史知识的苍白。

更惭愧的是，作为澳门人，曾经很长一段时间，我对自家的事也没太上心过。

“1940 年代，葡萄牙人在澳门葡京酒店对开广场矗立起一座策马扬鞭的亚马勒铜像，此处因铜像被命名为‘铜马广场’。在澳门长大的和我同龄的小伙伴们，可能都在这座铜像前留过影。不懂历史，年少无知，快门曾定格在我们如花的笑靥上。”（穆欣欣《十年丰盛　二十年精彩》）

1999 年之前，我们这一代在澳门成长的人，对于这片土地过去发生的事，没有在意过；学校的教科书里，澳门历史是缺席者。澳门，似乎早已习惯做一个隐士，不为人知亦不欲为人知。这一切，最立竿见影地反映在每当我们向外人介绍身份时，总得用上十二分气力，让人明白澳门是一个怎样的地方，还必须补上“在香港的旁边”为注脚。过后，换来的往往是对方一句：“噢，那澳门应该和香港差不多吧！”

直至 1999 年，澳门一下子站在了世界舞台的中央，多少带有一点猝不及防。我们这才开始意识到，“回归”是一件不可复制的历史大事，我们一边从旁观者变成了置身其中的主角，一边书写着历史。这份猝不及防，至少在我自己身上是这样的：来不及装扮，没有机会彩排，本色出演却意外地平添了一份来自生活层面、带有温度的真实性。从此，历史于我，不再遥不可及。

在澳门回归祖国二十周年之际，由二十七位澳门写作人讲述自己的

“回归”故事，正是带着这份可触可感的真实性向读者走来。这些故事，独一无二，不可复制。

“1999年，我在四川大学。12月19日，作为在成都的三名澳门学生之一，我被当地传媒拉去接受采访。政权交接仪式在澳门举行之际，我跟家人通话，是我爸接的电话，说希望回归后治安变好，更希望经济变好……”（凌谷《澳门，呼吸间的记忆》）

“港澳力生号分别结业二十多年，澳门回归也快二十年了。而我，从两房祖母的年代到了今天，对父亲的弟妹们，以及我的堂弟妹、表弟妹们，也只能随缘吧。不拒人千里，但留心中净土，已是我力所能及的亲缘了。”（水月《两房祖母一个力生号》）

“1999年12月20日，那天，是圣诞节购物旺季，我的超市生意滔滔，但我把一切劳劳俗事搁起，坐在电视机前，金睛火眼，等待那最珍贵的一刻。”（李烈声《子不忘母怀》）

或许，很多内地朋友对于澳门“回归”的全部印象和记忆就是一曲《七子之歌》，来自原唱者容韵琳稚嫩的童声和不太标准的普通话。这当归功于五集电视纪录片《澳门岁月》总导演李凯，不要刻意的字正腔圆和经过训练的歌喉是他选择演唱者的标准。这又何尝不是这段历史中的本色呢？而十年或二十年后的今天，《七子之歌》的原唱者容韵琳选择淡出公众视线，也可看作另类本色出演。犹记得当年人们问起这个澳门小姑娘对北京的最初印象时，她大大方方的“神”回答让所有人接不上话茬儿："北京的树就是一些光光的木棍插在地上！"回归日正值北京最寒冷的冬季，北京冬天的树和澳门的四季常绿形成鲜明的反差，澳门小姑娘从未见过不长叶子的树！

诚然，在"回归"这件事上，最直接的影响就是让澳门人和祖国，让内地朋友和澳门之间曾经的不明白变成懂得，曾经的隔阂成为零距离：

"江西行遇到美好的人和事，促使我调整今后的旅行计划，准备腾出更多时间游走神州大地，于有生之年体验大江南北风土人情，重新认识自己的国家。"（沈尚青《"阅读·关怀"·人心回归》）

需要在此说明的是，澳门至今没有一位全职作家，这也是我为什么用"写作人"而非"作家"来介绍本书主角们出场的缘故。澳门文学的存在，一直是有别于其他地域文学的一道异样风景。澳门的写作人，在各自的正职工作岗位上努力谋生，也在喧嚣浮华中安静地经营着自己的文字世界，使得澳门文学带有天然质朴和清新自如的特色，同时具有和日常生活无缝对接的亲近感。

从生活层面感受澳门回归祖国这件历史大事，以小见大，是本书将带给内地的读者朋友的一份鲜活感。本书作者从九零后写作新力军到八旬长者，他们或丰厚的人生阅历或极其独特的个人感受，绘成了多元底色，缭绕于澳门街巷的人间烟火之中：

"我想起了眼前两百余年历史的康公庙。记得里头的门柱都饱经沧桑，在油漆的关照下泛着深沉的光泽。供奉着的康公真君相传是汉朝大将，而偏殿又有佛祖、华陀、关公、花粉夫人和马头将军等等，可谓群英荟萃，越是杂居一处便越显得可爱，越是古朴便越显得自然和淳朴。”（谭健锹《情定大龙凤》）

曾经的澳门，是让中国看到世界的一扇窗。如今，这扇窗，连带着敞开的大门，我们深信，将会让世界看到一个更好的澳门。

记取归来时候，海棠风里相迎。

我知道，你一直在等我。

己亥年正月初三 澳门

目　录

有故事的地方

记取归来时候

相迎相守

有故事的地方

如果有一天

我们在大三巴牌坊相遇

神圣天主的教堂

花岗石雕刻着

巴洛克和中文的图案

你栽着那

西式帆船飘然而至

我必定是

舞狮的男孩强健如风

——钟怡

卢廉若花园的围墙

贞　娅

站在家中卧室的窗前，就能看见卢廉若花园的围墙。

这道围墙，我第一次看见是在三十多年前的一部电影里。

那年，我还没来到澳门，甚至也不知道命中注定我一年多后会来澳门定居。

那一年，内地改革开放才开始，各种新鲜事物层出不穷。记得是五一劳动节，我所在的工作单位组织我们所有员工去一个用废弃的邮轮改装的酒店庆祝节日。

那一天，我们在大海上那艘不大也不小的客轮上狂欢，从日出到日落，最后在黄昏时间看了一部很老很旧的，由谢贤和嘉玲主演的说广东话的香港电影。

电影的故事情节已经记不清了，但不知道为什么，我记得最清楚的一个情节是一个二流子（后来知道那是由香港一个专门扮演这种底层无赖的著名演员饰演的）在一所大花园的围墙外来回走着，其中有很多插科打诨的表演。

一年多后，我到了澳门，第一次从大街上看见卢廉若花园的围墙时，不禁即刻想到那个电影片段。更没想到的是，不久，我就住到了这条街上，后来更是在这里住了三十多年，直到现在。

三十多年来，卢廉若花园好像一直是我人生的一个后花园，无论是年轻时经历的所有困难和欢笑，中年的担忧和宽容，还是现在进入老年的积累与和谐，我都在这个绿树浓荫的花园里得到滋润和舒展。

陈显耀 摄

卢廉若花园有一个不小的湖，也可说是一个很大的荷塘，我每年四季都在这里看荷花，从“小荷才露尖尖角”，到“映日荷花别样红”，再到“留得枯荷听雨声”，一直到“万柄绿荷衰飒尽”，感受荷的一生，更见证了，即使身为草本，也能站着往生。荷尚如此，况乎人者。而澳门，被称为莲花宝地，似乎也有它的人文精神之体现，这里的人与情，对我这个从移民到居民的澳门人来说，就是荷的化身。

卢廉若花园吸引我的，不仅仅是荷塘，更有它的苏州狮子林园林风格的亭台楼阁、湖石曲桥。它是港澳地区唯一一个具有苏州园林风韵的名园，也是澳门当年的三大名园之一。而且这里，原来正是孙中山先生的好友卢廉若先生的故园，1912 年 5 月下旬，刚辞去临时大总统职务的孙中山访澳三天，旧地重游，应邀下榻卢园的春草堂，并在卢园会晤澳督、主教等中外人士。也因此，以孙中山为名的大型影视剧都在这里取景拍摄。

可以说，卢廉若花园是一个有故事的地方，就像澳门是一个有故事的地方一样。在这个花园里每走一步，我都觉得，不小心会惊动了某一位神灵。

和澳门许多有历史意义和特色的地方一样，卢廉若花园三十多年来都保持着原来的模样，而花园的围墙外，却经历了翻天覆地的变化。

澳门在近代史上，有过数次巨大的人口流动，而近三十年的变化，不仅仅是人口的变化，更多的是街道建筑的变化。

随着高楼的崛起，人口的流动，和卢廉若花园的围墙有那么一点关系的故事，被我知道的，还真有一个。

那一年，围墙外的这条街上，推土机和各种大型建筑用车辆轰鸣，一座座旧式的小楼房夷为平地。望着那堵近百年不变的花园围墙，有位老校长对我说："我的家过几天也要变成工地了，所以我不得不离开了。"

围墙边看得见花园里长出的各种各样的树和花，木棉、芭蕉、桦树，那么美，在离别人的眼中却满是伤情。

校长说，他是抗日战争时期美军飞虎队的中英文翻译，1949 年因政治观点和妻子离婚，妻子去了台湾；儿子因学业优秀，去美国留学，却成了火箭专家，不能回国。现在他老了，儿子要他去美国养老。儿子的生活条件优渥，儿媳是台湾人，而他也会英文，在文化上、生活上沟通都没有问题，但他却将行程一拖再拖，直到现在房子就要拆了，他不得不走了，再不走，他就老到走不动了。

为什么要一拖再拖呢？

老人说，因为爱唐诗。你看卢廉若花园，是唐诗的意境，美国再好，是洋人的地方，读唐诗，读不出那个意境。

老人的这番话，今天的一代人是说不出来的，我至今想起仍能感觉到他内心的巨大的痛，一种已不是个人的心痛，而是历史的、国家的、人文的心痛。这是一代文化人的情怀。

历史在无数人的流动的故事中展现，每个在大街上和我们错过的人交织着我们的人生，新的一代永远是这方土地的希望所在。

约二十年前的一天，我在卢廉若花园的回廊看花，有十多个中学女生也在那里参加什么活动，三三两两嘻笑着。一对七十多岁的洋人夫妇从她们身边走过，老妇人从手提包里拿出一袋子什么东西来，随手递给了一个女生，旁边的女生看到了，想伸手去拿，那已经拿到东西的女生拒绝着跑了起来，其他人追着她跑。

那女生将袋子高高举起，沿着回廊左闪右避地跑着，最后让所有在场的游人都看清楚了，那是一个透明胶袋，里面装着许多外国邮票。女孩们意不在抢，更多的是在嬉戏，年轻人青春的美好，以及她们的大方、自信和欢乐，不同人种之间的友善友谊，感染了所有人，大家都不约而同发自内心地笑容满面，最高兴的还有那对洋夫妇，没有比和平自信满足的生活更让人开心的了。

而在那一刻，我感觉到了这片土地上的这件事的意义，只有这片土地上生活和感受过的人才能知道，卖猪仔和低人一等是怎么回事，没有屈辱地走出去和迎进来是怎么回事。

这么多年过去了，我发现了卢廉若花园的围墙对我的意义，因为这里里外外的故事最后都被我写进了大大小小的小说和散文里。

这么多年过去了，那些女孩子现在该有近四十岁的年纪了，我不知道她们今在何方，她们对自己的生活是否满意，但对我来说，她们肯定是最幸运的一代，当然，相信她们也会对她们的下一代说，新的一代才是最幸运的一代。

这么多年过去了，不知道那位爱读唐诗的老校长是否健在，希望他能看到我看到的一切，我想告诉他，卢廉若花园的围墙还在。

祝福澳门，祝福我们的土地。

贞娅，本名何贞。曾获澳门中篇小说奖、澳门文学奖小说组亚军；已出版的小说及小说集有《澳门来兮》《你将来爱的人不是我》。

澳门，呼吸间的记忆

凌　谷

佛陀说，人生就在呼吸间。

我所记得的，往往就只有呼吸间无以逃避的气息。

90年代初，在上初中的我放假就会到北区工厂打工。从慕拉士大马路到渔翁街路上，密密麻麻挤着一排巨大无比的工业大厦，虽然只有发电厂有一根大烟囱，但总觉得那是一个浓烟滚滚的海洋，各种辛辣的化工味像是压缩成的巨大方糖，吊满半空。那些特大货梯所独有的金属腐化的气味，像一把锋利的镰刀在一个无形的身体上刮过，我仿佛能感到自己正在被一个晃动得嘎滋作响的巨大的时代齿轮拉向高空，带往一个永远未知的将来。

我曾经以为在各种噪音和怪味中干着生产线上永无终止的枯燥工作，应该是这个城市里最苦的活了。后来发现自己错了。因为我爸开始要我给他打工，跟他带的小工队“装风喉”，也就是安装中央空调的通风管道。我是一万个不愿意，还在日记上写了一篇《论学生不应为家人打工》，洋洋洒洒，引经据典，痛快淋漓。奈何在现实面前，还是得乖乖开工。

安装通风管，意味着工地通风肯定有问题。而且许多工程都在几乎密不透风的厂房里进行，无论空气如何差，都得在里面挥汗如雨。印象最深的，是玩具厂的塑料味和自来水厂的漂白粉味，浓烈而焦灼，就像带倒钩的一条软鞭从口鼻和毛孔进入身体，来回反复地抽扯……

不过，偶尔也会有不错的环境，体验最好的应是在海边的一家五

黄文辉 摄

陈显耀 摄

星级酒店，那里带着一股幽幽的檀香味。通气管由办公室拉到停车场。停车场外面就是海，我常从矮墙探头出去，恨不得把咸腥的海风都吸进体内，扬臂长啸，让声波消失在波涛之中，遥想当年葡萄牙人是否也吸着同一股气味来到这里？是否也带着兴奋和恐惧憧憬着未来？我呼吸到的，是否也夹杂着那些水手的渴望与骚动？那天傍晚，坐我爸的“面包车”回家，经过慕拉士大马路时，飘来一股糅合了漂白剂、塑料、腊鸭和汽车废气的气味，忽然意识到，嗅觉可能是六识中最接近本质又最能穿越时空的。

到了高中，我没再进工厂打工，也拒绝跟我爸装风喉，而是去当家教。记得其中一位学生住在慕拉士大马路，就在那排工业大厦对面，不过随着厂家的北迁，怪味浓度已大为降低。让我颇感意外的是，那学生的父亲是货车司机，却十分斯文，衣着打扮显得特别修整。有一次，我和他相遇在电梯，没有旁人，他忽然掏出两百元，说给我“饮茶”。我在推却时，忽然闻到一股虚无的气息，有点像漂白剂滴在火炭上的气味，那种让人紧张而灰暗的温柔仿佛把人带往一个遥远而神秘的国度。后来听学生说起，他爸为了养家除了开货车，还经常去当兼职屠夫。

1999 年，我在四川大学。12 月 19 日，作为在成都的三名澳门学生之一，我被当地传媒拉去接受采访。政权交接仪式在澳门举行之际，我跟家人通话，是我爸接的电话，说希望回归后治安变好，更希望经济变好……隔着电话线听到他的声音，脑海里浮现的，竟是澳门的工厂和大海。

回归后,一如我爸所希望的,治安变好了;再过几年,经济也变好了。

后来的十年里,我都在新填海区工作,就在当年的政权交接仪式场馆附近,而场馆已改建成澳门回归贺礼陈列馆。有一次步行经过附近的酒店,举头看到两层停车场,我不禁心头一震,想起这里就是当年看海的地方,而当时目光所及的茫茫大海,已经全是高楼,其正前方,就是我当时工作的澳门艺术博物馆。沧海高楼,二十年前那种略带恐惧的兴奋心跳,忽然随着海水腥味的记忆,像手机信号一样连接到当下的惊讶,但现实却又那么的平淡无奇,只有一声叹息。

在各种欲念和幻想中,人很自然地委身时间之流,有一种自己就是江河本身永恒流淌的错觉,但总有一天会意识到,自己不过是河面上的一片落叶,总会消沉河床或搁浅岸石。

后来,我爸住进了重症病房。医院里弥漫着一股不锈钢在消毒剂中无声腐蚀的气息,隐蔽、尖锐而密集,像无数悄无声响的飞针,人的思维就成了一只被飞针钉在树上的倒挂的蝙蝠,动弹不得,却清醒异常。

我爸在生命的最后几天中,还躺在病床上用智能手机指挥着他的施工小队,买卖着他一直看好的几只股票,居然还小赚了一笔。

在停尸房与他作最后告别时,我又闻到那股虚无的味道,如此宁静、凛烈而肃杀,觉得脚下大地是一片虚空,自己的身体也在寒气中分解,一道巨大的门向我敞开,强烈的撕裂感仿佛在告诉我,眼识、耳识、鼻识、舌识、身识和意识会在门的那边合而为一。我当时并不怎么悲伤，我深信他会在一个更美好的世界过得更好。

有一次行经慕拉士大马路，发现旧发电厂的大烟囱已经不在，还来不及感慨，看到一辆墨绿色的“面包车”在眼前停下来，我下意识地正想打招呼，忽然惊讶地发现，坐在驾驶座上的并不是我爸，也不再可能是他。

往事种种，呼吸之间，随烟化雾，滚滚上涌的，竟是迟了数月的盈眶热泪。

凌谷，诗人、专栏作家。毕业于四川大学。大学期间出版合集《如一》。作品入选王蒙主编的《2003 年中国最佳诗歌》，获 2013 年北京国际诗会最美语言奖。出版个人诗集《新悦集》（2007 年）、《无边集》（2014 年），译作有《世界和平饮食》（2016 年）。

远来的“海鸟”

贺越明

近些年，如我这种从国外来澳门工作和定居的人，时常会被人称作“海归”。我偶尔扪心自问：是海归吗？总觉得好像是又好像不是，却说不出“是”或“不是”的理由。“海归”是个新词，这十多年来很流行，用于称谓去海外留学或工作一段时间后，回到祖国的人们。那已经是一个庞大的群体了。可是，生长在黄浦江畔的我，并未回到那个生于斯长于斯的地方，而是来到了过去从未踏足的澳门，能算是这个群体的一分子，归入“海归”之列吗？

如若时光倒流二十年，澳门于我只是一个地理概念，属于一个陌生的地方。上世纪80年代末，我出差路经珠海特区，曾乘上游览船作“环岛游”，在澳门半岛外围兜了一圈，除了看到桅杆林立的渔港，还望见葡京酒店如同鸟笼的外型。那时有关澳门的印象，仅此而已。

早年在旧金山居住时，我认识据说来自香港的一对青年夫妇，他们很小移民美国，大学毕业后在美国工作了好些年，忽然有一天，说要回澳门发展了。他们对朋友抱歉地解释，因为很多美国人只知香港而不知澳门，为了避免麻烦，就说自己回香港。他们应该算“海归”了，回到了澳门，一个海外很多人那时还不太了解的地方。谁知机缘巧合之下，过了几年，我也举家来到澳门。来之前，我对此地的一切都很生疏，随之是一连串全新的体验、崭新的认知，感觉若被称为“海归”的话，真有些名不符实。

居停澳门不到两年，我有了一位新同事克瑞斯，相互介绍后，竟发

黄文辉 摄

现是美国同一所大学的校友，我的专业是传播学，他读历史，但对传媒有兴趣，毕业后做了这一行。当然，尽管都来自万里之遥的太平洋彼岸，但他是高鼻子、蓝眼睛，纯粹的美国白人。

我有些好奇，问克瑞斯为何不在美国待着，跑来人地两生的澳门。没想到，他自有一套理由："我学的是亚洲史，还会讲点中文，要做新闻传播，不到亚洲地区最可能发生重大变化的地方，该去哪里呢？"

克瑞斯的这番话，使我一度陷入沉思：他说的的确有道理。由一个半岛加两个离岛组成的澳门，陆地面积虽仅三十平方公里，人口也就五十多万，在世界地图上是个极小的点，但上世纪末回归祖国后，新成立的特区政府开放博彩经营权，吸引了外国企业前来投资，大兴土木，豪华酒店及娱乐场接连拔地而起，与拉斯维加斯相仿的金光大道宛然成型。才几年工夫，澳门从人们记忆中不脱渔村陈迹的小地方，蜕变为颇具知名度的国际化城市，成了远近闻名的旅游目的地之一。

十多年一晃而过。由于彼此的职业规划都有变化，我与性格活泼的克瑞斯也难得一聚。前不久在街上偶遇，才知道他不仅成了其他地区同行眼里的“澳门通”，还收获了爱情的果实，与一位重庆女孩成婚。我问他多久回一次美国，他习惯性地耸耸肩，说很久没有回去了，反倒是其父母来澳门探望了他和中国媳妇。

用媒体人的眼光看，澳门并非常出大新闻的热点板块，却是自身面貌变化最快的地区。这一点，克瑞斯是说对了。进入新世纪，澳门逐渐形成了一种吸引力，让各国各地的人们心向往之。前来旅游、观光的无须说了，更有不少像克瑞斯那样，从异国他乡到这来定居的外来者。我参加一个名酒品赏会时结识的卢卡斯，便是其中一位管理专才。

卢卡斯在一家五星级酒店担任副总裁，主管餐饮和展会业务。他出生于澳洲南部，大学念的是商业管理，出校门后，进了位于墨尔本维拉河南岸的一家著名酒店暨娱乐场，从最低的职位逐级升迁，直到当上总裁助理。他向我透露选择来澳门的内情：职务递升为副总裁。他在这里已工作了几年，还不到四十岁。

“人生的每个阶段，总会面临挑战，也要有些突破。”他说，“澳门给我提供了一个突破的机会。”

卢卡斯告诉我，妻子也在酒店任职，一对子女在国际学校上学，而澳洲那栋附带泳池的住房交给专业公司出租。他说：“澳门较小，但安宁和稳定，非常适宜生活。”从话语中听得出来，他和家人都喜欢这个地方，大概也习惯了。

卢卡斯并没有将他生活多年的墨尔本与澳门直接比较，但我能感觉出他对现状的满意和满足，也不由得想起了一个古老的哲理：良禽择佳木而栖。现代社会的人，尤其有专长的人，都会考虑选取一个更能发挥才干的环境工作，为此不惜辞别故国，漂洋过海。如果说卢卡斯是“良禽”的话，那么澳门正是更适合他施展所长的“佳木”。

今年元月末，离岛凼仔有一家五星级酒店开业，我参观其间的剧院时注意到一个身型高大的小伙子。他讲着一口流利的英语，却是华人的面孔，又留着如今较少见的长发，有点艺术范儿。可能听出我说话的口音，他主动改用中文自我介绍：“我生在加拿大，父母是从上海去的移民。”

他英文名叫贾斯汀，是华人移民的第二代，在温哥华长大。他进艺术学院学的是音乐剧表演，实习期间，去过包括纽约百老汇在内的西方国家所有的著名剧场，对先进的舞台装置设施了如指掌。正在寻找工作之际，他听说亚洲首个动感剧院即将在澳门落成，拥有全球首屈一指的数码影像科技，完全可与世界顶级的剧场媲美，于是把择业的目光投向了这里，终于如愿以偿。

剧院开业不久，贾斯汀的专业特长暂时难以发挥，但他很喜欢目前的工作。按他的话说，澳门的一头连着西方各国，一头连着中国内地，资讯丰富，纽带绵长。这位年轻人恐怕不会一生只打一份工，况且他希望能在舞台艺术上有更大的发展。但对他而言，职业生涯起步于澳门，有着不同寻常的意义。自从经济腾飞后，澳门的文化娱乐设施升级换代，大都达到国际一流水平，为相关的人才提供了用武之地。从加拿大飞来的贾斯汀，成了又一只觅得“佳木”的“良禽”。

然而，我一直有些困惑：像克瑞斯、卢卡斯和贾斯汀这些人，该用古书上的“良禽”来形容或归类吗？毕竟，“禽”字有两义：飞禽和家禽。若是后者，即指鸡、鸭、鹅之类，飞不起来，也走不远。“良禽”再好，指代这个群体不免过于含糊、笼统。

陈显耀 摄

直到有一天，我和一位海外友人在离岛路环的黑沙海滩散步，看见天上飞过一群海鸥，才蓦然想到：这一群体，不就像那些展翅高飞的海鸟吗？

海鸟飞翔在辽阔的海洋上空，为了寻求和扩大生存空间，不畏迢遥，追波逐浪，择岛而栖。海鸟的种类颇多，最重要的特征，是适应海洋气候和环境，在生活习惯、生理运行诸方面有别于其他鸟类，而岛屿是它们繁衍、生长和迁徙的场所。以此类比，今日之澳门，对于那些远来的“海鸟”，正是一个莲花宝岛啊！

我不清楚澳门究竟有多少“海鸟”，也不知道政府部门有无统计，但确信那是一个不会太小的群体。真想有机会认识、访问更多来自不同国度的“海鸟”，从中肯定能够发掘出许多背景各异的人生故事！

贺越明，生于上海。复旦大学新闻系学士、硕士，美国夏威夷大学传播系硕士。现为澳门九鼎传播有限公司总经理、《九鼎》月刊总编辑。著有《读报的学问》《书里书外》《海角片羽》等。

性本爱丘山

太　皮

尽管在早些时候，澳门录得破纪录的连续二十天高温，但在周末假日，我还是选择登山。热汗挥洒后一阵山风夹杂海风吹来，树上洒落一片蝉鸣，山不高，写意却不减。

早几年，我会大老早跑到一关之隔的珠海去，毕竟那边的山海拔较高，登山路线较迂回，爬升下降的幅度也大，登一次山几小时下来，就有充足的运动量，只是今年我重拾登山兴趣后，却选择留在澳门。主要原因有二：一，到珠海去较费时，一来一回得花三小时在交通上；二，我悟到澳门的山虽然矮，虽然平平无奇，但我可重复登几次斜坡，同样达到减肥健身的效果。

啊！其实还有第三个原因呢：我爱澳门，我爱澳门的山，爱山上的鸟儿、昆虫、植物和石头，我希望花更多时间去发现它们，关注它们，陪伴它们。

曾跟外地人说“在澳门登山”，外地人傻眼，失笑：澳门也有山？

只因澳门对外的形象一般是密密麻麻的建筑，星罗棋布的街巷，连广场也是人挤人水泄不通，有空间都建赌场和房屋了，留着高不成低不就的山来干嘛？只不过，澳门确实有山，半岛的松山、主教山和莲峰山，凼仔的大潭山和小潭山，以及路环的叠石塘山等。

澳门的城市面积不及内地一个乡镇大，所谓的山事实上也不能算山，而是丘陵——澳门是燕山期造山运动出现的丘陵地带，原始地形高低起伏，平地多是后来填出来的。在南湾一带以路中的一列列榕树为界线，一边是原来的土地，另一边就是填海地。在世界地图上经常被忽略不见的澳门，连山也是如此低调，最高的路环叠石塘山，只有一百七十余米高，面积不到五平方公里。山也不用怎样“登”，有政府开设的步行道，状况理想，所以我们说“行山”。

在我家附近的叠石塘山自然是我行山首选。在步行道缓缓走着，耳边尽是鸟声虫鸣，白头翁站在枝顶求偶，斑鸠在远处侧着身晒太阳，裁缝鸟回应我的口哨，画眉鸟不知从哪里钻出来飞走，一群八哥在山边掠

陈显耀 摄

过。四五月份是蝉儿脱离泥土羽化的季节，黄点斑蝉、熊蝉、薄翅蝉和草蝉等轮番鸣叫，像闹钟一样叫醒了夏天。山的一部分是蝴蝶保护区，五彩斑斓的蝴蝶缤纷起舞，巴黎翠凤蝶、翠斑青凤蝶、裴豹蛱蝶及网丝蛱蝶，如精灵般次第在我面前浮动，扇动我对美的灵觉。我惊讶于小小的地方竟有如此繁多的蝴蝶品种。据政府早年统计，澳门的昆虫有七百多种，但民间科学家却认为，澳门昆虫的种类远不止此数，事实上，据记录，单单蝴蝶就最少近一百种了。无论是雀鸟或昆虫，这些大多是华南地区寻常的生物，寻常得就像澳门人一样，在这太平洋与欧亚大陆连接处的一座小城上、一座小山上，安分地生存着。

叠石塘山及相连山体几乎占去路环岛所有的面积，由几条步行道连接，其中路环步行道绕山腰走一圈，全长八公里左右。沿途，遇到迎面而来的行山客，互相点头微笑，互道“早安”。行山的人时多时少，有特意上山接引山水的老夫妻，有遛狗遛小孩的年轻家庭，有跑步健身的欧美外雇，也有郊游散心的东南亚人。山顶是妈祖文化宫及高达 19.99 米的妈祖圣像。我为加强难度，除了负重之外，也会从山腰名叫“好汉坡”的台阶路登上山顶，来回两三遍，达到运动效果。

由早上走到中午，行山者越来越少了，雀鸟和昆虫也仿佛暂时休憩一下，毒日头晒得起劲，只有树木与石头，沿途陪伴着我这个独行客。石头是亘古已有的，不少已经风化成泥土，而树木大抵经历过无数次枯荣。现在所见的树木大多为政府过去几十年来人工栽植，也曾枝繁叶茂，但去年“天鸽”风灾，倒折了不少，倒显出了原本被遮挡的奇岩异石。花岗岩地形易出奇石，澳门自然也不例外，著名的有龙爪角猿人石，像猿人侧面似的。叠石塘山上有一块“飞来石”叫“伶仃石”，椭圆形的大石位于山上最高点附近，有一头大象那么大，向着太平洋边缘的伶仃洋和九洲洋，像要滚下山来似的。站在石下，可眺望珠海的万山群岛和香港的大屿山。那画面有象征意义，澳门人的生活，或多或少也靠着珠海和香港来构建，我们部分依赖经珠海输入的食材与物资，也经常透过香港的信息和交通接触世界，早就不自觉地进行着大湾区生活。

反过来，从隔海相望、海拔四百多米的横琴岛脑背山向澳门眺望，会看到碧绿悠然的一块巨型绿宝石，那就是以叠石塘山为主的路环群山，纵然树木少了，但翠绿仍然耀眼。那周边都已高度发展，高楼大厦在山前展开了一道不高不矮的屏障，道路基建一直向北延伸。幸运的是，在法律的保护和民间人士的努力下，叠石塘山暂时还未受到重大的侵扰。

我在步行道北段行走，看着那些屏障，以及屏障之外的路凼城时，经常有一种错觉，怀疑那不是澳门，因为我成长的澳门一直是个淡泊自然之所，没有超高楼和金碧辉煌的景物，与世无争，甘居二线，居民的生活不徐不紧，世界大事如过眼烟云。尽管澳门仍然是相对的“隐形”，但这些年来的社会及经济发展，“露面”的机会多了，改变也是随之而来。

用一句套话来说，相比二十年前刚回归之时，澳门的变化实在是“天翻地覆”啊。回归前，在澳门难得看到一辆豪车，现在，兰博基尼、法拉利及劳斯莱斯等豪车已经成为街头寻常的风景；回归前，高楼大厦不多，五层高的居民楼都叫“大厦”了，现在，过百米的高楼在非遗保护区中拔地而起，要不是法律对阳光权的保护，高度只会更加疯狂。澳门人的财富增加不少，人均收入位于世界前列，社会保障制度完善，人的眼界开阔了，有条件外游或到外国求学的人多了，以前所没有的文娱生活也变得丰足，要看一个巨星的演唱会，不用再跑到香港或广州去。当然，随之而来的烦恼也与日俱增，社会的经济结构仍依赖赌业，而房价高企、物价腾飞、人满为患，这些，都令澳门人越来越浮躁。出租车宰客已是全球知名，政府似乎束手无策；赌场的罪恶虽不严重，但也成为澳门人心头的一根刺；一些服务业者也变得无礼了，反正有人流就有生意。外地有名气的人物在描写或叙述澳门时仍然十分客气，因为以往的见解一直认为澳门民风淳朴，若以另一种眼光看澳门的话，自己可能反倒成为有问题的一个，但网上世界却没那么多顾忌。

澳门人的品性，在经济发展的过程中，确实产生了一些改变，我到现在仍然习惯不了，但我认为，那只是澳门人应对世态的一种无意识的反应。澳门人的心底里，仍然有一座如同叠石塘山一样低调质朴的山丘，任由周遭风起云涌，纵有损折，山仍然是那座山，仍然孕育着无数虽平凡但美妙的生灵——澳门人的心灵仍然有虽平凡但宝贵的品性。不是吗？记得去年“天鸽”风灾，筷子基区被风暴加上天文大潮所引起的

SWAROVSKI
熱烈慶祝中華人民共和国成立六十三周年

“气象海啸”淹浸至近两米高，有人被洪流冲走，一位英勇的男士奋不顾身泅水营救。灾后，城市停水停电，年轻人自发组成义工队，到长者家里送水送粮，并与驻澳解放军一道清理灾区。这期间出现的无数动人画面，我至今依然难忘。

除了天灾，交通意外等人祸发生时，澳门人也不会坐视不理。有一次，高士德区附近发生交通意外，一位妇人被压在车下，十来个街坊群众，有老有少，合力抬起重达两吨的商务车，救出妇人；又有一次，有摩托车撞倒人后失事起火，伤者就卧倒在烈火之旁，路人不顾火光熊熊，由街道这一边奔到另一边，将伤者救出。以上显示出澳门人并不缺人情味，尽管上述意外的最终结果不尽如人意。我不时从社交网络的交通“报料”照片中，看到意外发生后，总会有人自愿过来替伤者遮阳挡雨、扇风擦汗。这些“人情味”不是澳门特有的，却往往令我感动，只缘身在此山中，毕竟我以为澳门人的“人情味”已经丢失了。

虽说山小，虽说山矮，但叠石塘山依然是一座山，你得花力气登上去，你得花力气走完步行道。正如澳门人，也许不是那么优秀的族群，但我们作为世界的一员，作为中国的一员，发挥着自己纵然微不足道，但却实实在在的作用——我们坚守着这个城市数百年来孕育的性格，就像叠石塘山守护着丰富多彩的生物一样，我们与祖国同呼吸共命运，与世界同生共存。

几乎每次登叠石塘山我都会走到妈祖像下，我循着神像的视线往北望，路凼城的景色尽收眼底，而珠海较高的山峦也映入眼帘，背后是广阔无垠的祖国大陆。又是一阵挟着海风的山风吹来，我暑意全消。

这阵风，就像澳门人的“人情味”一样，无论世情多变，始终令人舒爽。

太皮，本名黄春年，曾获澳门文学奖小说组冠军、澳门中篇小说奖，出版小说《懦弱》《绿毡上的囚徒》《杀戮的立场》，散文集《夜游人》及诗集《一向年光有限身》等。

情定大龙凤

谭健锹

十多年前，父母决意移居澳门，那时我还在上大学。爸爸说，新家就在澳门的十月初五街附近。

暑假时，我第一次拖着行李箱，经过熙熙攘攘的关闸，再坐上出租车，往目的地驶去。汽车在海岸边一掠而过便很快进入街区，我还没来得及留下更多的印象。我只是依稀看见不少大楼门口的中文繁体字上，还会有一行葡萄牙文。

来澳门前，我已在书刊上得知，十月初五街是澳门 20 世纪初最兴旺的街道，因为那时它紧邻海岸，商埠林立，连葡萄牙政府都迫不及待地拿十月五日的国庆节来命名它。

下了汽车，我却站在一条孤寂的青石板小街上，坠入了茫然。司机说，这儿便是。

小街两侧用蓝白碎石装点，这也是它整体风格的唯一亮点。在一片仿佛静止在历史深处某个时刻的小区中，小街直愣愣地往前延伸。两旁都是一些似关未关的店铺，铁皮闸门和灰尘、锈迹为伍，而我，难道命中注定也要和它们为伍吗？

我忐忑地继续前行，路上不时有摩托车和小货车来回颠簸，扬起的烟雾不免让我咳嗽几声。不远处，一块硕大的招牌垂直插在小楼上，有腾云驾雾的感觉。不过，招牌显然是几十年前的杰作了，且长年无人打理，颜色黯淡得无法辨认，也不知道缠绕在上面的图案是什么，只读懂上面几个字：大龙凤茶楼。

此刻，我方觉饥肠辘辘。而茶楼好像琢磨透了此时每个过路人的心思，一墙壁的餐饮介绍瞬间涌进眼帘：扬州炒饭、福建炒饭、牛腩面、豉汁排骨饭……

我见价格不过二十元出头，便随遇而安了。

说实话，我点的豉汁排骨饭，味道倒是浓郁，肉的嚼头也不错，可就是进餐环境过于冷清。侍应守着几块挂在窗口的烧鹅肉和烧猪肉，与我四目相对，无所事事，偶尔不耐烦地挥手赶蝇。

我很感谢这么冷清的氛围，让我不用等待多时就能解决午餐。我继而又有点庆幸，好在没点什么烧肉饭、烧鹅饭之类的，否则，我一定要舔苍蝇的口水了。

饭毕，我走出店门。回首一望，在午后泼辣的阳光下，终于看清了大招牌的图案，牌的上部是龙首和跃起的凤凰，牌中间围着蜿蜒的龙身，牌之下则翘着龙尾。龙凤呈祥，意头是挺好的，可跟现实的落差实在太大。龙凤的色泽早已褪去，不红不黄的，大概沉积了太多的烟尘，以及时光的印迹。一起褪去的，应该还有十月初五街的繁华。

那天，我费了不少周折才找到“新家”。

其实那一刻，我有想过放弃，放弃这个家，也就意味着放弃来澳门生活。那掩映在一片有点破旧的低矮平房之间的居所，只能令自己在失望的路上越走越远、越陷越深。

住下后，我才慢慢体会“澳门街”的内涵。

陈显耀 摄

大龙凤和十月初五街的确都曾经阔过，但那是在没有填海的年代。无可奈何花落去，如今海岸线早已今非昔比，它们的衰落也是历史的必然。无缘得见辉煌的过去，我只能在它们洗尽铅华的身躯上想象逝水流年。

长街上，旧式茶庄和里头白发苍苍的主人，被光阴洗刷得一点烟火气都没有。人去楼空的典当业大屋——砖墙恍如黑白电影的片段，只有屋顶仍残存着一丝贵气——在漫无目的地等待不知何时归来的主人。半新半旧的茶餐厅，炊烟依旧袅袅，几十年如一日地满足匆匆而过者，那空空如也的胃肠。

大龙凤茶楼一侧，正是赫赫有名的康公庙。走近了，便有香火的味道，只是人影绰绰。庙前偌大的广场，澳门人称之为“前地”，常见一两个老人在树下乘凉、半寐，偶尔有几只鸽子和麻雀在百无聊赖地溜达，享受着这几乎只属于它们的净土。

有一天，我突发理发的念头。大街上的发廊要价不低。作为男人，我其实不大在意头上的方寸，于是选择回到十月初五街附近的小巷中。因为，我记得那儿有个露天的理发档。

那是一个藏在深巷中的“美发中心”，紧紧挨着一壁高大的牌楼。牌楼之顶刻着中西合璧的雕花装饰，但早已被风吹日晒刮去了底色和原有的玲珑纤细，甚至长满了衰草。大概，这就是当年码头的遗存吧。今天，它在我面前，不再流淌着水波荡漾，只包容着一家小小的摊档。

几张悬挂起来的白蓝红三色塑料纸，便拼凑成营业空间，墙壁上一块镜子，镜子前一把理发专用椅子，这就是全部家当。女老板五十开外，身形稍臃肿，梳着高高的发髻，脸带微笑。

“阿姨，剪个头发要多少钱？”

“‘飞’发[①]，十元。后生哥，你衣服都湿透了，换件衫再返来[②]啦，好容易感冒的！”

“不怕，我身体好着呢！”我回应道。

“不听老人言，吃亏在眼前。坐吧，想怎样剪？”她笑问。

我简单比划了一下，老板心领神会，随即运剪如飞，不需多时即告“竣工”。

“多谢！”老板接过纸币，没细数，嘴角便顺口唱了起来，“落花满天蔽月光，借一杯附荐凤台上。帝女花带泪上香，愿丧生回谢爹娘……”声音略带幽怨。

这是粤曲的经典唱段，我偷看一眼，只见她侧身边唱边扭动腰身，手上似有翻云覆雨。一条黄狗在牌楼的门洞里探出脑袋，饶有兴致地观望。

日后，我慢慢得知她叫莲姐，是粤曲的“发烧友”。

我住的地方旧是旧些，却胜在有人情味。邻居们抬头不见低头见，虽然不知姓名，却总是一大早笑眯眯地打个招呼。知道我是新客，他们

①飞发：粤语，意为理发。
②返来：粤语，意为回来。

陈显耀 摄

都热衷于讲老澳门的掌故，尤其是十月初五街的前世今生。而莲姐，无疑就是小区中最活跃的人之一。她闲暇无事时，便常常客串花旦，在大树下和一帮粤曲迷大显身手。

暑假结束后，我便短暂地告别了澳门。那时候，我并未清晰地知道自己的将来在哪里。

大约一年后，我再次来到十月初五街。

大龙凤茶楼，依然在原地顽强地生存着。不过，我发现它的生意似乎有兴旺的势头。一大早，不少邻居街坊便三三两两地在那里"饮早茶"，点上几笼鸡爪、叉烧包、流沙包之类的广式点心，泡上一壶普洱或者铁观音，聊聊家常和澳门的新闻旧故，大半天就这样惬意地蒸发了。当然，客人大多是上了年纪的。

下午，茶楼变得热闹非凡起来。原来，这儿特设了"曲艺茶座"，专供粤曲票友前来献艺消遣，唱者自得其乐，演奏者聚精会神。婉转的歌喉和悠扬的丝竹声，宛然成了大龙凤的金字招牌。台下观众边吃喝边欣赏，听到精彩处，便摇头晃脑地挥打拍子，融入戏间，不时还报以雷动掌声。

我认得，莲姐也常在台上。有一次，我忍不住也进入坐下，点壶菊花茶，细细品味台上台下的风情。

"分飞万里隔千山，垂泪似珠强忍欲坠凝在眼，我欲诉别离情无限。"她的唱腔颇为动人。

"匆匆怎诉情无限？"搭档的小生玉树临风，相得益彰。

“又怕情深一朝淡，有浪爱海翻。”

“空嗟往事成梦幻。”

“只望誓盟永存在脑间，音讯休疏懒。”

这是著名的粤曲《分飞燕》，我幼年时在广东的乡间和县城都听过，不觉勾起了回忆。可惜随着时光的流逝，在内地能听到如此原汁原味唱段的机会越来越少了。

那似曾相识的音韵，霎时间拉近了我和澳门的距离。

台下鼓掌者，未必全能听懂唱词。偶尔我会发现有福建人和北方人前来捧场。大概是那种特有的韵味和升华了的音乐，感染了他们，让他们也如痴如醉吧。

晚上，大龙凤茶楼在灯火阑珊中慢慢打烊，而十月初五街和康公庙前地却没有沉寂下来。街灯下，是街坊们和些许游人，不紧不慢的身影，以及树影，温润而含情脉脉。不时地，我还会看见一些皮肤黝黑的菲律宾人和印度人，端着啤酒，用我听不懂的语言，在树下聊得天花乱坠。他们并非游客，而是在这座小城从事体力劳动。

我想起了眼前两百余年历史的康公庙，记得里头的门柱都饱经沧桑，在油漆的关照下泛着深沉的光泽。供奉着的康公真君相传是汉朝大将，而偏殿又有佛祖、华佗、关公、花粉夫人和马头将军等等，可谓群英荟萃，越是杂居一处便越显得可爱，越是古朴便越显得自然和淳朴。

那个夏天，我跟父母说，我会选择回到你们身边，我会选择在澳门

陈显耀 摄

落地生根。

毕业后，我履行了诺言，与大龙凤茶楼，与十月初五街，与康公庙，与莲姐做起了邻居。

时间就像流水一样，几年间，自己的家庭和事业都发生了不小的变化，而我生活的这片小区也在变与不变中，继续书写着属于澳门、属于大家的历史。

这些年，十月初五街不再像以前那样冷清，因为来大龙凤茶楼品尝美食和品味粤曲的人越来越多，到大龙凤茶楼一展歌喉的票友更是络绎不绝、乐此不疲。茶楼的菜单日渐丰富，除了传统中菜，还增加了“咖喱鸡大包”这样融汇中西的餐点。

而每逢周六、周日傍晚，康公夜市更开展得如火如荼，游人如织，闹市喧哗，几乎完美地阐释了夜未央的风姿，活生生地绘了一幅澳门版的《清明上河图》。

陈显耀 摄

各式摊档让人流连忘返，炒饭、煎饼、烤肉热气腾腾，香浓得无法抵御，而手工制品和文创小玩意，也足以让人驻足把玩，讨价还价。至于康公庙前地，更成了孩子们的乐园，有捞金鱼、打小型保龄球、跳气垫床等多种游戏，让平时拘束的儿童们彻底“疯”一回。

那些在大龙凤茶楼唱过瘾、听过瘾的票友们，心满意足地步出店门，也会随意在夜市里选购一两件有情怀的小物品回家。这应该是他们最乐融融的时刻。

十月初五街在某种意义上，被复活了。而大龙凤茶楼，就是最好的见证者！

我在人流的摩肩接踵中走过夜市，看见墙壁上临时放置了许多装饰，那是一张张黑白照片的拼图。隐隐约约地，我看见了上世纪初的十月初五街、五六十年代的内港码头，还有一些旧时人家的照片。这些怀旧的情调，我能理解。然而奇怪的是，我看到不少黑白的家庭合影，里头的主角分明穿着内地六七十年代那段特殊历史时期的服装，再加上典型的发型。我判断这些是内地的朋友。可为什么会出现在澳门这条与之似乎毫不相干的街道上呢？

我想，他们大概是先后移民到澳门的人士吧，就像我一样。带着昔日的记忆，迎接着今日的生活，期待着明日的变迁。而澳门这一座举世

陈显耀 摄

瞩目的移民城市，就是把不同的风格、不同的肤色、不同的信仰、不同的语言，揉碎了之后，再捏成一团，捏成今天我们看到的多姿多彩，却又淳朴有加，不新也不旧，有变也有不变，一直在路上。

周日清晨，我走过那座古旧的牌楼，几只啄食的鸽子便“呼啦”地飞回楼顶，继续俯瞰整个平静街区。莲姐一大早就在理发摊档上。等客人之余，她对着墙壁修炼唱功。

“莲姐，帮我剪一剪，快过年了。”

“你白头发多了好多呀！工作太辛苦啦？回去煲点何首乌喝一喝。”

她忽然想起一事，便赶忙拿起一旁那套珠光宝气的大红旗袍，得意地说：“瞧瞧！这是我今晚去大龙凤表演的衣服！好看吧？压轴演出呢！得闲过来捧场喔！”

“一定一定！”

这时，太阳已拨开了云雾，任朝霞的光彩洒落在那些低矮的平房屋顶。我望见，大龙凤茶楼的那块大招牌，底色原来是绿绿的，不再黯淡，反而有几分宝石的锃亮。而那龙凤，尽管老旧，却是裹着一身敦厚的赤色，显得那么的热烈。

谭健锹，澳门镜湖医院医生，《澳门日报·新园地》专栏作者。曾获澳门文学奖散文组及小说组奖项、格律诗比赛奖项等，著有《炉石塘的日与夜》等。

两房祖母一个力生号

水 月

1997年6月30日这天，是一个闷热的夏日。我家姊妹和弟弟在天桥上吹着海风。风，把该说的和不该说的话，往空气里几度回旋，悄悄落在岸边。这是香港的一个特别的夜晚。从九龙红墈来到港岛上环，几近午夜时分。上环码头的船只，熟识的白底红字船身，大约一个小时之后，便能把我们载回澳门。

刚从殡仪馆脱下丧服，已逝的感慨徐徐漫上心头；已逝的不单是人，还有过去的点点滴滴。几滴雨水落在脸上，仰望着天空的我们，决定多留一会儿。我们想要从6月30日这天过渡到7月1日，没有目的，没有计划，没有特别的因由。而只是，单纯的在这片天空下，渡过香港回归的午夜。

肥嫲嫲去了，母亲也没能看到这天。

香港和澳门一水之隔，爷爷两头都有一个妻子。“嫲嫲”是祖母的广东口语，肥嫲嫲是爷爷很多年以前，去香港发展后娶的。自小我们叫她肥嫲嫲，身材相对较瘦小的是嫲嫲。小时候当然是不明所以，让我们叫肥嫲嫲，大抵是不欲“小嫲嫲”“细嫲嫲”这些有尊卑、主次的身份称号，让肥嫲嫲难堪吧。在一夫一妻制还没立法以前的20世纪初，爷爷娶两房妻子大概也没觉得对不起谁。但到了六七十年代，社会不一样了。二房太太的地位未必就比较低，平妻的概念比较合适。爷爷在香港生活的日子，要比在澳门多得多。记忆中，他一年到头大约回来三五次，每次逗留一两天而已。这是我读小学时期的印象。将时间再往前推到我父亲和叔叔们小时候，香港与澳门的水路交通仍然落后的日子，爷爷这

陈显耀 摄

个两地穿梭的丈夫，如何分配他的时间不得而知。我估计，当时的他也颇有分寸，不会太偏宠一方。这可以从叔叔和姑姑们的排行次序中得出结论。我父亲是爷爷的大儿子，他之下的十个弟、妹，从嫲嫲和肥嫲嫲的肚子里相间而出。二叔是嫲嫲的儿子，可三叔是肥嫲嫲的；大姑姐是肥嫲嫲的女儿，可二姑姐是嫲嫲所生。如此，从我的叔叔和姑姑们出生的次序一目了然，当时爷爷是雨露均沾。

按理说，这么个大家庭应当很热闹，然而我们家不是。两地分隔是一个因素；从小只有我们留在澳门，也是我们家血脉亲、感情生疏的原因吧。

爷爷做的是蛋业。当年也许是颇有雄图大志的，他在两地都开了力生号蛋铺，经营鲜蛋、咸蛋、皮蛋批发。而肥嫲嫲在香港深水埗露天街市经营一个卖蛋小贩摊档，没有成为只在家养小孩的妇女，相对于我的亲嫲嫲，她是比较有能力、个性豪爽的人。而我的亲嫲嫲无论衣着和举止，都散发着传统女人的拘谨，听说是和爷爷在家乡礼乐成的亲。

两个祖母有没有争斗，有没有嫉妒，有没有过冲突？也没有福气听谁说过。我只知道爷爷去世以后，两房人几乎不联络了。爷爷在70年代中去世，我父亲走得比爷爷更早。嫲嫲的另外两个儿子和两个女儿，早年已去了香港发展，我父亲不在了，嫲嫲带着最小的姑姑也去了香港生活，澳门这边剩下我们与母亲五个人。一水之隔，两房祖母，叔叔姑姑十人，很少回来看我们。

爷爷走后，母亲独力经营澳门这边的力生号，钱没赚很多，养育我们四个子女长大而已。她有时候会有些忿忿不平地说，当年爷爷还在的时候，蛋铺赚的钱没有分给她，每月只给她三百元生活费，还有嫲嫲和最小的叔叔和姑姑要她养活呢。在70年代初，三百元大概也不算太少，但用来做八口人的生活费，应该不容易。母亲唠叨父亲在世的时日，她在家带小孩，接一些珠片刺绣回家做，一个月也能赚到一百元。听起来好像有点不可思议，但我又凭什么怀疑母亲的说法呢。力生号这个铺，是我们的生计；铺面的上层，是我们的家。

渐渐，一个硕长的身影在我们的生活中出现。母亲叫他老师，我们也叫他老师。老师脸很瘦，皮肤黝黑，个子高，走起路来弓着背。他是蛋联的负责人。当年的蛋铺大约有五家，澳门蛋业联合公司由此而来。这家公司是如何组成，各占多少份额，已无从知道。我知道的是，我们赖以经营的蛋来自内地，多数是湖南。老师，就是主持进货和货物分配的人。他很有礼貌，是一个读书人。对年轻守寡带着四个子女的母亲，怀有同情与悲悯。母亲很尊敬这位老师。如今想来，老师当时年纪也该有五十多岁。爷爷和我父亲，想必与这位老师相熟，而他们相继离世，老师自觉对孤儿寡妇多加照顾，也是理所当然。

等到我们姐弟终于长大，澳门力生号却在1993年结业了。

蛋铺的房子是租来的，业主要大幅加租，母亲经营了半生的生意，随着澳门发展的步伐，无力再经营下去。那年母亲五十岁，身体状况不好，我们也觉得她应该休息了。只是，我们不知道，母亲可以放下工作，安乐过日子的时光只有匆匆三年。1996 年 3 月，母亲走了。

上世纪 80 年代，中英、中葡联合声明签署，母亲一直是抱着怀疑态度的。作为一个在澳门土生土长的人，在她的心中，和平回归，一国两制，五十年不变等，似乎是不可能的事。所以香港九七回归那天午夜，我的脑海里不断浮现母亲的片言只字。距离 1999 年还有两年。我多么希望这片天空下，还有母亲的身影。而她的所有忧虑都会随着回归后的发展烟消云散。

力生号结业后，我也再没有回到那条伴我成长的街道。它有一个令

陈显耀 摄

人好奇的中文名称——“大码头街”，而它的葡文名称 Rua do Teatro 更让人摸不着头脑。任何人看了中文街名，都能不费吹灰之力联想到这里曾经很接近一个水运码头，但它的葡文名称翻译过来却是戏院的意思。史料记载清朝时的这一带，是澳门北湾的一个重要港口，康熙二十三年在澳门设关部行台时，名为大码头口的这个地方成为巡辑口。澳葡政府于 19 世纪在大码头口以西填海，从此港口往外迁移，原来的大码头不复存在。但没有记载这条街上曾经有过戏院，戏院街之称从何而来？直到 20 世纪的 80 年代初，这一带的新马路、十月初五街、关前街及邻近的街巷，仍是澳门最繁忙的商业区。

大码头街喧嚣但寂寂无闻。在我的成长岁月，乃至今天，其实这条街的俗称比正名更广为人知。澳门人叫这里果栏街。栏是食物批发商铺惯用的称谓。鱼栏、菜栏，顾名思议果栏街便是一条水果批发街。可这个“著名”的街道名称，在澳门是另有所在，只是，被命名为果栏街的街却没有果栏。我们家的蛋栏，还有另外两家蛋栏，也在大码头街内。人们忽略了蛋栏的存在，如同我忽略了福德祠的存在一样。

福德祠在力生号的斜对面，相隔不超过十五米。它细小、不起眼，是街内商铺共享的土地庙。它的旁边有一间细小的针织厂，与同街的果栏、蛋栏极不协调。福德祠是我这个喜欢在街上玩的孩子不爱踏足的地方。那个年代它已经很残旧，庙里边总是昏昏暗暗的，带点可怕的存在。小孩不理解土地公守护街坊的功德，怕的是黑暗。近些年文化局把它列为保护文物建筑，这小小的土地庙才再一次进入我的视线。庙内墙上的碑文记载它始建于清嘉庆年间，1796年之前。见证了两百多年历史的它，自然也见证了我们家力生号的创办与结束。不大愿意相信神祇的母亲，没有与我们多讲对面的土地公。作为最多中国人供奉的神，土地公在澳门是很有名的。至今，还有专门演神功戏酬神、敬老宴等庆贺活动。吐气扬眉的大码头街土地庙，面积仅十五平方米，载入澳门历史簿册，跻身受保护文化建筑行列，确保了它此后的岁月，会得到更好的维护。

时过境迁，曾经嫲嫲和肥嫲嫲的共同存在，让我觉得不太现代。与我同辈的人，很少有这种两房嫲嫲的家庭。港澳力生号的共同存在，却并不联营，也同样不太现代。其中的因由，也只有上一代人自己心里清楚。一水之隔，隔开了亲情，也隔开了两代人的记忆。去年我的六叔突然觉得应该与我们多联络，嘱咐我们下一代的关系不能断绝。

作为嫡系亲属的叔侄两人，在咖啡厅聊起往事，发现共同记忆很少，经年的陌生袭来。这几十年间，相互接触的缘离不开白事（丧事）。我只能从他口中听到一些我十岁以前的小事，而这些，不过也是力生号似的共同存在而不联营，各有各的。既然聊开了，我的胆子壮大起来：在我们最需要你们的时候，你们缺席了，我是有点生气的。

六叔愕然，随后和气地笑说，是我们不对，今后多联络补偿。其实我哪有生气的权利，生他们气的人是母亲。

港澳力生号分别结业二十多年，澳门回归也快二十年了。而我，从两房祖母的年代到了今天，对父亲的弟妹们，以及我的堂弟妹、表弟妹们，也只能随缘吧。不拒人千里，但留心中净土，已是我能力所及的亲缘了。

想到这，我被自己的漠然吓了一跳。

水月，本名林慧娴，曾获第二届澳门中篇小说奖、澳门文学奖优秀散文奖等。有散文集《忘情书》《挥手之后还会再见吗》、小说《回首》、合集《美丽街》。

西湾最后的美人痣

未 艾

由加利格兰和狄波拉嘉主演，拍摄于1957年的美国电影《金玉盟》，其中一幕取景于澳门西湾，男主角驾驶游艇在峰景酒店一带泊岸，徐徐走上主教山，镜头中，俨然一派法国南岸风情。可见，在澳门还未发展起来的时候，还真沾过一点欧洲的光，在那个皮光肉滑双峰插云的鎏金岁月，西湾仿佛徐娘半老，她的媚眼还真让鬼佬拜倒在石榴裙下，但毕竟是大半个世纪前的风流账了。

今天，西湾原来的峰景酒店已成葡国领使官邸，此处亦渐渐面目全非，这位曾经迷倒过鬼佬的徐娘，随着圣地亚哥古堡酒店的停业，她的风韵尚存几何？去年三月，这个古堡关上厚重古朴的木门，不再迎客。假如你从未在这里住宿，甚至用过餐，只能说少年你太年轻了，正如作家陶杰叹息，在奇女子狄娜生前未曾和她邂逅深以为憾一样，西湾卿本佳人，那种失之交臂的遗憾，令人扼腕。

建于1629年的圣地亚哥古堡炮台，从前守护着内港入口，与大三巴炮台、加思栏炮台互为犄角，镇守着澳门中部、东南方和西南方，历史意义非凡。上世纪80年代初，炮台改建为酒店，千禧年之后重新装修，客房由廿四间缩减到十二间，变成有客厅和睡房的大套间，换成按摩浴缸，每间各有精致风格，传统葡式床架更添豪华、舒适、雅致。酒店的小教堂吸引不少日本人来结婚度蜜月，酒店为此特设圣地亚哥蜜月套房，幽深娴雅的古堡，留下了不少新婚夫妇最甜蜜的时光。他们都是恋旧的人，当年在小教堂请神父主持婚礼，到儿女长大了，依然来这里缅怀旧日时光，甚至带孙辈重访故地。

酒店老板、商人何鸿燊太太梁安琪曾在一篇访问中，谈到对酒店的眷恋和不得不停业的无奈，她说虽然不赚钱，但经营下去却有着比赚钱更重要的理由："圣地亚哥获邀成为'环球酒店及餐厅集团'旗下的'精品酒店'，我外游也喜欢按这'精品'目录去选酒店，可以找到最有特色的地方，让你感受当地风土人情。要说路凼金光大道那些玻璃幕

陈显耀 摄

陈显耀 摄

墙酒店，到处都有，但我的古堡只此一家，几百年历史积累，包括建于1740年的小教堂、从前储存弹药的酒窖等等。赌权开放之初，威尼斯人和永利的外籍高管都喜欢来这里，每逢赛车，外国人更多。从前我和何先生一起，坐在圣地亚哥的庭院，看着落日西斜，我敢说没有一个地方的日落有这么美！但过去几年来，古堡门前一直进行轻轨交通枢纽工程，长期钻探、爆石、打桩，住客别说安睡，就连静静吃个早餐也是奢谈，酒店门外不到十米，俨如陨石巨坑的大地盘，甚至曾经出现塌陷。酒店不得不暂时停业。”

德国诗人、哲学家尼采说：“一样东西的价值，有时并不取决于它为你带来多少收益，而在于你为它付出了多少心血。”父辈传下来的旧陀表、亡妻手织的温暖牌围巾，外人眼中不值一文，对当事人却刻骨铭心。一座生意寥落，淹没在爆石、噪音、地陷、沙尘滚滚中的古堡酒店，它的停业，一夜间引来各方注目，为它的命运担忧。梁安琪说：“古堡是我和何先生拍拖看日落的地方，充满了回忆，有我在一天，不会结业也不会卖！”

古堡名字的由来，是纪念一位名叫“圣地亚哥”的葡籍守军，小教堂内本立有其雕像，不知是否受酒店门外工程影响，年前雕像突然从教堂内的壁龛塌落，左臂折断。酒店石阶旁边，长年有山水流淌，每到秋冬时分，水声渐稀，到第二年开春，流量又逐渐充沛，听水声而知四季，多么有诗意的场景。酒店内还有受保育的两百多年的樟树，已成为酒店一部分，和古堡的历史、澳门的历史、澳门人的共同回忆融为一体。

古堡门前的交通枢纽，象征新时代的来临，对岸湾仔高厦林立，海岸线更是今非昔比，但晚上刺眼的光污染非常突兀，和西湾数百年来的南欧风韵，显得格格不入，就连曾经守护这里的古堡军魂圣地亚哥像都倒下了。一位名人说过，两百年的宜兴紫砂老茶壶，珍贵在于里面那层满溢茶香的茶垢，都洗净了，茶壶连五银钱都不值。在旧时代的尽头，西湾这位曾经风韵犹存的徐娘，是随着澳门同质化沦为普通珠三角城市，抑或保得住那层矜贵的茶渍？她脸上那颗古堡炮台的美人痣，让无数鬼佬销魂过后，是愈发面泛潮红，抑或黯然蒙尘，让澳门人买椟还珠？

未艾，本名吴未艾，执笔《澳门日报》“短歌行”专栏多年，出入中西时事文化，行文入俗、辛辣、温婉。著有“短歌行”专栏结集《轻抚那人间的沧桑》、澳门政商名人专访录《打开案头的山水》。

回归后，我做了“导游”

黄文辉

“各位，这里就是澳门著名的地标大三巴牌坊，相信大家都很熟悉，但你知不知道这座牌坊可以说是用石头雕刻的教科书？为什么这样讲？下面请听我为大家介绍……”

每次带着参观者来到大三巴牌坊，我一般会如此开始我的“导游”介绍。

慢着！认识我的朋友会喝住说，文辉你啥时候改行做了导游，怎么我不知道呀？

朋友们有所不知，有那么几年，我还真是隔三差五地要做导游，不过却不是一般带旅行团参观的导游，而是专门为澳门文物景点做导赏的导游。

故事要从澳门回归祖国后的第二年——2000年讲起。那一年8月，我来到澳门文化局当时叫做文化财产厅的部门报到，加入正摩拳擦掌准备申报澳门文物建筑进入联合国教科文组织《世界文化遗产名录》的团队。这是回归后澳门政府在文化领域的一项重要工作，也是一项只有在回归祖国后才能达成的国家级任务。

我负责搜集、整理相关文物资料，撰写景点介绍，还要协助宣传推广。

那可是个从零开始的任务。

一穷二白。与历史建筑相关的中文史料固然不多，葡语的也零星，散见于各种专著里。我要做拼图员，将分散零落的数据找出、梳理、考证，拼出每个文物景点的前世今生图像。知识大爆炸与大丰收。一下子，澳门四百多年历史、政治、文化、宗教、民俗甚至建筑风格、城市规划等等一大堆内容，囫囵吞枣硬生生地塞进我的脑里，还得迅速消化理解，因为我要撰写景点介绍，要办班做导师去培训年轻的“文物大使”，要做展览板到澳门学校巡回展出和做讲座，也要领队参观文物景点当导赏员——我的“导游”生涯就此开始。

导赏员可不容易当。记忆力强、知识广博、口齿伶俐、讲解有序，是基本要求了，但我认为最要紧的，是应该要有做学问的道德操守，“知之为知之，不知为不知”，在讲解时绝对不能胡编乱扯。我曾经在大三巴牌坊后的天主教艺术博物馆里，亲眼看着一位导游对着内地来的大叔大妈“表演”，把油画上的圣方济各说成是耶稣，把长崎传教士殉教说成是耶稣受难。最不可思议的，是画框下面都有说明牌，白字黑纸写着主题……名副其实睁眼说瞎“画”！

胡说瞎编景点史料是不道德的，即便是一些有文字记载的，也得分清是信史还是传说，介绍时要清楚说明，有一分证据讲一分话。尤其我们是代表官方做介绍，“戏说”都不能，何况是无厘头的胡说。

要导赏深入浅出，别无快捷方式，只能多看多读多问，所谓台上一分钟台下十年功，没看过几千字的材料，又怎能做一分钟的介绍？

金庸名著《倚天屠龙记》里，张三丰当着强敌的面教张无忌学太极剑，说：“我在这儿教，无忌在这儿学，即炒即卖，新鲜热辣。”当年我做导赏，也是这样的即炒即卖，边学边讲。那是一段痛苦而快乐的日子。痛苦是因为书山文海何其大何其广，却要在短时间内啃下消化掉，难度可想而知；快乐，当然是因为畅游书山文海一番后，自己的澳门文史知识像练武功一般，打通任督二脉，功力逐渐深厚。而且，有时候还能享受犯罪小说中侦探破案的成就感。

比如澳门十月初五街有座康真君庙(俗称康公庙),侧殿里供奉着“敕封宋校尉府绥靖伯陈老官人”。我从一本广东台山地区的掌故书里查到，说绥靖伯是真有其人，原名陈仲真，“生于南宋庆元二年(1196年),……宋理宗朝任屯田校尉。……景定五年(1264年)正月十六夜，……仲真父子三人饮了毒酒暴毙，葬于百峰山五指膝下。后人传说陈仲真死得忠烈，有神灵，建庙奉祀，称为陈老官。道光年间敕封绥靖伯”。能查出这条材料，我已经很高兴，因为中国民间信仰各处乡村各处神，信众爱供奉谁就供奉谁，神灵来历有时连庙祝都不知道。至于康公庙为什么会供奉绥靖伯，当时就没去追究了。有一天翻阅澳门近代著名的中葡双语报刊《镜海丛报》时，赫然看到一则澳门居民“远迓灵神”的报道：“广州府属新宁县内，有福神焉，曾受敕封为绥靖伯。神本陈姓，符于有功于民则祀之义，一县奉为香火，水旱疾疫，求祷灵应。”几天后另一则报道中云：“康公庙前，现建大厂一座，供奉陈绥靖伯神像，男女分日而往，祀福祈恩，纷驰于道。”原来当年澳门疫情严重，经月未除，民众便远从新宁县请来绥靖伯，祈求消灾解难，陈老官人也顺道“移民”澳门，入住康公庙!

又比如，在找文物建筑“东方基金会会址”资料时，我查到说当年英国派来给乾隆贺寿的特使马戛尔尼(George Macartney)曾在这座大楼

陈显耀 摄

住过，灵机一动，想到当年使节团的秘书斯当东 (Sir George Staunton)，回英后写了本《英使谒见乾隆纪实》，详细介绍了整个出使过程和中国的风土人情，其中会不会有这座大楼的记载呢？找书一看，果然有。

从一座寺庙里的神像，牵扯出近代澳门防疫史和民间信仰史；从一座西式大楼，牵扯出一段中英交往史，这种史料“考古”工作，对我这个非历史专业出身的人而言，实在太过瘾了，加上能丰富澳门文物建筑的历史叙述，成就感也是满满的。

在文化财产厅工作期间，上至国家相关部委的领导，下至台湾的大学校长团、香港的专业导游团以及澳门本地的街坊师生，我都有幸为他们做过导赏。每次看着他们带着对澳门有新认识的赞叹表情离开，我就庆幸自己的努力没有白费。最难忘的是接待一位学者型领导，参观完坐下来歇息聊天，他跟我们讲，文物建筑的保存往往与城市经济发展息息相关。有些地方经济蓬勃，大兴土木，旧建筑让位于新高楼，统统给拆掉，到今天却为没有保存好历史建筑而扼腕兴叹；像澳门这般过去经济不发达，旧建筑逃过灭顶之灾，保存下来，成了文物，才能有这个旧城区的局面。过去这十多年，澳门经济迅猛发展，整个城市天际线可谓改头换面，文物保护与经济发展碰撞出来的争议声音，更是不绝于耳。回想起这位领导当年的话，不得不暗自庆幸，澳门在国家大力支持下，于 2005 年已把“澳门历史城区”成功列入《世界文化遗产名录》，否则真不知道

陈显耀 摄

有多少历史建筑可以逃过挖土机的巨手？

几年前，我在书店偶然见到一本陈志华教授的《文物建筑保护文集》。陈教授是清华大学建筑系教授、文物建筑保护专家，我曾经在澳门接待过他。好奇之下翻起书来，竟然见到有篇《澳门行》，记载他 2005 年来澳门考察文物保护工作时的思考，里面居然提到我，且有一段这样的文字：“我们见到了几幅这类活动的照片，热热闹闹的很红火。在好几幅照片里，主持人是文化财产厅的高级技术员黄先生。给我们做工作报告的也是他。他的报告，基本理念、价值观和方法论原则都讲得很好，而且报告的结构非常严谨，讲得又生动，精气神十足，我听得甚至激动起来。”——能得到陈老这番谬赞，我那即炒即卖的“导游”工作，应该可以小学毕业了！

做历史文物景点的导赏员，表面看像个新闻记者般，把与每个景点有关的时、人、事讲清楚就可以，但我认为要讲好澳门故事，更应该说明澳门之为澳门的独特之处。

讲到澳门的时候，我们总说她历史上是中西文化交流的桥头堡，这当然对，但澳门这中西文化交融而生的宁馨儿形象，是结果，其始因呢？总结多年学习澳门历史文化的心得，借用今天一个流行的名词来说，我觉得不能忘记这样一个事实：澳门的荣耀来自于祖国，她是与祖国母体紧密相连的命运共同体，一块折射出四百多年中国历史变迁的反光板。

在西方以发达的航海技术和大无畏的探险精神，拉开大航海的全球

黄文辉 摄

贸易序幕时，我们的明清政府却选择以闭关锁国来应对外来挑战，而蕞尔小岛澳门就在这种碰撞的夹缝中，机缘巧合地挤进了中国历史的叙述篇章。不管我们用多少美丽的语句来形容澳门中西文化交融的累累硕果，必须实事求是地说，在绝大部分时间里，澳门这座“天主圣名之城”，只是个中转驿站，远方来客千里迢迢旅程的目的地永远是王朝首都；即便成了中国土地上唯一容许外国人合法居住的地方，澳门街上络绎的外邦商人，其目光注视着的，依然是沿着内河直上的广州十三行。国家兴盛时，澳门迎来了北望神州华夏文化的传教士，以及捧着丝绸瓷器大发横财梦的里斯本商人；国朝衰落时，澳门接待了奉旨禁烟的钦差大臣林则徐，更送别了无数经此地被卖身去南美南洋的“猪仔”苦力……

回首前尘，16 世纪开埠以来的澳门故事，有哪一段不是与祖国血脉相连，共呼吸，同命运？尤其是 19 世纪末以来，即便澳门受着葡萄牙人管治，但她有哪一段历史能自外于中国政治、社会变迁而不受影响呢？四百多年的历史清楚地说明：祖国强，则澳门兴；祖国弱，则澳门衰。

1999年回归后，在国家各项优惠政策支持下，澳门社会的巨大变化已是有目共睹，毋庸多言。我当年有幸参与申报筹备工作的澳门历史文物建筑，已以世界文化遗产“澳门历史城区”之名受到本地市民的关注爱护，并且成了澳门亮丽的文化名片吸引外来游客慕名来访，而其得以在短短五年内就申报成功，更是与国家相关部委和专家在背后发功、大力支持与指导密不可分。

今天，我已不在负责文物保护的部门工作，但我仍然非常乐意偶尔客串做文物“导游”，带领参观者通过有形的历史建筑，欣赏澳门四百多年无形的文化积淀和价值意义，讲好澳门故事，诉说那一段段与祖国命运休戚与共的不凡历程！

黄文辉，中国作家协会会员。现于澳门文化局任职。著有诗集《镜海妙思》(合著)、《因此》、《我的爱人》、《历史对话》；散文集《不要怕，我抒情罢了》《伪风月谈》；文学评论集《字里行间》；与人合著《澳门作家访问录(1)》；摄影作品获澳门艺术博物馆收藏。

记取归来时候

四十万儿女回家了

思念铺成的

漫漫长路啊

历史赠予的

小城花季啊

含苞待放

天南地北的锣鼓

响彻九霄云外

漫山遍野的歌声

汇成海潮奔腾

祖国敞开怀抱迎接儿女

我们披星戴月扑向母亲

亿万双眼睛

对准了濠镜聚焦

澳门的名字

正被全世界倾听

——李观鼎

子不忘母怀

李烈声

我小时，从外国返粤，就遇到抗日战争。父亲挈妇将雏，带我们到澳门。一天，我们父子走过新马路，到议事亭前地，看到一个铜像，这个家伙，满脸杀气，拔剑出鞘。我问父亲："这家伙杀气腾腾，拔剑出鞘，打算干什么？"

父亲面有愠色说："杀人！"我大吃一惊："杀谁？"父亲怒形于色说："当然是不听话的中国人。"我也气愤地说："不听话就杀，好狠！他以为他是谁，上帝？"父亲说："上帝不会杀不听话的人，但他们会。"我说："太过分了。"父亲由怒转悲，双目噙泪，低声说："孩子，人家是主，我们是奴，我是等不及了，你将来长大，中国强大，别人拔剑，我们也拔剑，看谁还敢欺负我们！"

父亲弃世六十年，他噙泪教我的话，句句仍然在耳，至死不敢忘记。

后来，我进入致用小学，校长叶向荣先生，一个宁折不屈的知识分子，他教我们唱《思母曲》："……母亲啊！回想当年，你为什么不把我们照顾好，让那拐匪和强盗，软骗硬抢，夺走你的小宝宝？……母亲，你可听到，我们悲泣号啕，我们要回到你的怀抱……"他说："我们澳门，就是曲中被遗弃的孩子，唱这首歌，教导我们永远不要忘母怀，我们也不会永远被母亲遗弃。终有一天，我们会重回母亲的怀抱。"

从那时开始，我就把澳门看成无母孤儿。那时，松山有一种荆棘，种子黏着行人衣裤，我们称之曰"冇妈仔"。对着松山，我自言自语："冇妈仔！你几时才能回到你的母怀？"小时，我是个傻孩子，这样喃

陈显耀 摄

喃自语，被同学讥为“憨居仔”。

秋天来了。40年代中期，澳门盛行斗蟀，我虽不是斗蟀赌徒，但也未能免俗，和学校小朋友斗蟀一番。但是，市上买来的蟋蟀，大多是斗蟀人士拣余拣剩的残兵败将，俗称“牛屎蟀”，一下蟀盘，先已怯阵，面对强敌，一声不响，任由对手声震屋瓦，己方噤若寒蝉，及至“埋牙”，一触即溃，弃甲丢盔，输得毫无尊严，不止输钱，兼输“牙较”，于是，我便到青洲去捕蟀。青洲那时是一些当权人士的禁地，不许中国人接近，我们只能偷偷摸摸去捕蟀，有一回，被西洋人发觉，大发雷霆，粗声粗气骂我为 DAMN CHINESE[①]，要我 GET OUT[②]，我气不过，用粗口回敬他：“FXXK OFF![③]”蟀捕不成，惹起一肚怒火。此行极不愉快，受辱永志于心。

太平洋战争发生后，澳门粮荒，我家回到珠江三角洲就食，我参加游击队，学懂爆破技术，每次想起澳门，总是记起那个满脸杀气、拔剑出鞘的铜像，心想：“总有一天，老子带几支黄色炸药，把你那个凶神恶煞的铜像，唔炸到仆街唔收工[④]。”后来，知道大敌当前，黄色炸药用来对付日本人，还嫌不够，个人感受只好放到一旁。然而，每次途经

① DAMN CHINESE：意为该死的中国人。

② GET OUT：意为出去。

③ FXXK OFF：是骂人的脏话。

④ 唔炸到仆街唔收工：粤语，意为不炸烂不罢休。

议事亭前地，望见那铜像，心中那团怒火，总是难以浇熄。

抗战胜利后，我国收回失去五十多年的台湾，一洗甲午战败的耻辱，我满以为这回是祖国收回澳门的最好时机了。有一时期，广州卫戍司令张发奎，要求澳葡当局遣返藏匿澳门的战犯回粤受审，遭到澳葡当局拒绝，张司令陈兵关闸门外，实弹演习，炮声殷地，刺刀出鞘。我兴奋异常，以为失去的孩子，这回可以重返母怀了。谁料世局如棋，几个回合，西洋人依然耀武扬威，议事亭前地，那铜像满脸杀气腾腾如故。

50 年代，我出任一家报社的副刊编辑，澳葡当局在澳督府设有新闻刊物检查署，我们一群依靠文字吃饭的人，都要接受他们的约制。平心而论，此举本来不算坏事，但是，要看标准和底线，葡国以天主教为国教，检查署的标准，因人而异，因宗教而异，因检查官情绪而异。其时，报纸副刊依靠长篇连载小说吸引读者，有些小说涉及男女之私，检查官大笔一挥，不许刊登，我气愤难平，致电抗议，但没有用，结果还是土头灰脸地把文章抽起。次数多了，我的怨愤越积越大。终有一天，文友行文不慎，越过底线，被判“抽起”。我向女检查官争辩，相持不下，在电话中，她声色俱厉说：“你强辩！我是官，你是什么人？”我忿然厉声说：“我是中国人！”放下电话，我向社长递辞职信，“这样的狗屁编辑，我劈炮唔捞”！①

① 劈炮唔捞：粤语，意为辞职不干。

陈显耀 摄

我是澳门人，在海外，游子总是忘不了母怀，想起松山夕照，南湾烟水，心中难过极了。想起女官的淫威，铜像的杀气，每每痛彻心脾。直至“一二·三”事件发生，殖民统治者威风扫地，澳督出关亲递降表，新闻检查署关门大吉，拔剑铜像在众目睽睽之下仆街。当时我已在海外编报，把那段新闻放在第一版头条，大字套红。报纸出版后，华侨读者兴奋异常，云集在编辑室中，置酒高会。我抓起一樽威士忌，喝个涓滴无存，向父亲遗像说：“爸爸，中国强大了，别人拔剑，我们也拔剑，没有人再敢欺负我们了。”我相信父亲天国有知，一定喜悦得涕泗纵横。

然而，我并不以“一二·三”胜利为满足，我要看到葡萄牙国旗从澳门降下。后来在加拿大多伦多市经营超市，我不断追踪中葡四轮谈判新闻进展，好消息终于等到了，葡萄牙在现实面前低头，被占用四百四十多年的澳门，回归祖国。1999 年 12 月 20 日，那天，是圣诞节购物旺季，我的超市生意滔滔，但我把一切劳劳俗事搁起，坐在电视机前，金睛火眼，等待那最珍贵的一刻。荧幕上，万目注视中，零时零分，我屏息以待，看到葡萄牙国旗黯然下降，中国国旗悠悠升起。那一刻，女官的尖叫声、铜像的腾腾杀气、青洲洋人的骂声，在我记忆中一闪而过，遗失了四百年的孩子，终于回到母亲的怀抱。对着电视机，我泪流满面、哽咽失声，激动得不能自已。

江泽民主席的笑容，末代澳督紧紧抱着降下的葡国旗在怀中的镜头，都使我非常感动。江主席的笑容，绽开十四亿中国人的笑容，绽开五千万海外华侨的笑容。多谢天公厚我，假我以年，让我看到澳门回归珍贵的一幕。一切的屈辱，都成历史。末代澳督不忘他的国旗，我了解他的心情。我也不忘澳门，因为我是中国人。

澳门回归中国十九年，我当然承认每一个地方，都有其改进的空间，澳门也毫无例外，但是，当你了解我当年所受过的屈辱，你就了解澳门回归的可贵，那喜悦之情，是无可取代的。

我重回澳门，走过新马路，议事亭前地，流水淙淙，代替了满面杀气的铜像。我踱步到青洲山下，晚风萧萧，蝉鸣彻耳，再没有人敢骂我是 DAMN CHINESE。我在《澳门日报》写“冷月无声”专栏，编辑先生不用送往“澳督府”检查，不用担心副刊“开天窗”，不用怕见女检查官的冰冷面孔。我走过前总督府，洋女官芳踪杳然。任何人如果厉声问我：“你是什么人？”我也会厉声答她：“我是中国人！”

我扬弃“以牙还牙，以眼还眼”的报复心理，我只想让大家知道，一个离开母怀的游子，无论你如何荣华富贵，跑到天涯海角，总归是一个“冇妈仔”。只有离开母怀的人，才知道国家统一之可贵。我奉劝那些主张“港独”“澳独”的人，在喊口号之前，好好地想一想。

我在加国，有许多朋友是葡国人，聚首时，谈到澳门，他们中有人说：“我们经营澳门，只有付出，鲜有图利，是一门亏本生意。”

我立即驳斥他：“笑话！你这话只能欺骗那些不懂历史的人。据我所知，远在明朝万历年代，葡人即以晒晾水湿货物为借口，租用澳门，每年付出戋戋租金白银五百两，到了清代，索性一文钱不付，赖死不走，变成租霸。而且，不断把来自印度的鸦片烟，利用地利，明明暗暗，葡人运进中国内地，赚取暴利，这算是亏本生意吗？清末，葡人开辟澳门—菲律宾—墨西哥航线，以中国茶叶、绸缎交换墨西哥廉价白银。抗日战争时，葡人以毫无储备金发行澳门币，换走中国人巨额银元。澳门花捐赌税，年年进贡库房，对居民福利一毛不拔，这算是亏本生意吗？”葡人朋友无言以对。

我是个不懂歌功颂德的人，只懂讲事实。当我在报馆任职时，一个年老校对先生突患盲肠炎，我们把他送往山顶医院，那时，华人如无“人事”，休想进去。他穷，我们也穷，付不起费用，我们每人把最后一毫子都搜刮出来，方才凑够医药费，好不容易，把老校对从鬼门关上抢救过来。那个月底，不少同事因缺钱而交不出房租，被包租婆威胁扫地出门。年前，我重返澳门，山顶医院善门大开，老人进院，分文不收。我们不能不感到母怀的温暖。

从前，赌场每年也缴纳赌税，可是，我们收过一文钱“现金分享”吗？我们收过“社保”吗？我们收过养老金、生活补助金吗？穷，你活该饿死，谁叫你穷？

我国古人，希冀“老有所养”，今天，澳门长者除了“居住”一项仍有困难外，其余大致已达臻古人所冀望的境界。

我有吃早茶的嗜好，在茶楼，凭高远望，鱼贯而来的老茶客，很多是由外佣搀扶而至，他（她）们能够毫无吝啬地享受“一盅两件”，在从前，那是不可想象的“豪举”。面对一众苍苍白发的茶客，老校对奄奄一息的镜头，同事被包租婆追租辱骂的情景，在我记忆中又泛起。

我不想追忆，但也不敢遗忘。文末，我写了一首绝句：

春晖渐远委蒿莱　咫尺天涯剧可哀

惨惨闾门流浪子　斜风横雨始归来

李烈声，别名李瑞鹏，现为《澳门日报》专栏作者。作品多次在澳门、香港、广州等地获奖。著有《冷月无声》《回首风尘》《听雁楼诗集》等书。

回家路上

错 而

已经是晚上八时多了，天还不觉暗，我躺在草地上，仰望眼前的一片“海洋”：由金黄到淡黄、由浅红到醉红，一个大大的圆在我的瞳孔内漂浮不定，总是让我分不清，到底是天空在漂还是大地在漂……这是烈治文的黄昏，也是“我家门前”的黄昏。

“有空就多回家！”廿年前每次回家，妈总是这样说。

面对既熟悉又陌生的家，我感到茫然，不过，无论如何，家还是得回的。在没结婚前，每年春节，我都会像内地民工一样赶春运。那一年，我在澳门的年三十上飞机，到温哥华刚好赶上那边的年三十吃年夜饭。我在小方格内目送那个小小的圆月投下的淡淡的余辉——告别澳门这小小的家，忽又想起那年春天，我在淡淡的晨光中告别那个浅灰色的广东省会城市的情景。外婆去世后，我没有再留恋那个城市了，不！也许还是有过留恋，当大家谈起“保育广州话”的时候，我曾骄傲地说：“我是广州人，我们的广州话最正宗。”然而，近年为“保粤语”闹得沸沸扬扬的族群是香港人，他们说的广州话，早已变了调。澳门人看的是香港电视，说的是港式粤语，有意无意之间，我的广州音也变调了，而那份生于省会的虚荣，也随着对城市的印象逐渐模糊而退色。基于过客心态，虽然来澳三十多年，但少年时代的我从没有用心地感受这小城。我曾经以为，大概某一天，我对澳门的印象会如广州一样在记忆中褪色，那时候我就可以顺理成章地告别它，回归家人的怀抱了。

我在飞机上度过澳门时间的年三十，空中服务员给我们送上了丰

黄文辉 摄

富的年夜饭，当中没有红封包，却有一个“FORTUNE COOKIE”[①]——蛋皮造的小点心，约半个巴掌大小，活像一个大型的“饺子”，打开卷成一团的蛋饼皮，里面藏着一张精致的纸条，内边写着：Floating on the ocean of happiness（漂浮于幸福的海洋）。虽然只是一句简单的祝福，然而，对于孤单的旅人，还是足够温暖的吧。

“你那张写什么？”

“妈，他不让我看！”

“三八！看你自己的吧！”

身边的小人儿为着一窥别人的幸福而争吵，恰又构成一幅有趣的图画。越过图画的另一端，却见一位孤单的老太太在暗角拭泪。她是离家

① FORTUNE COOKIE：意为幸运饼干。

还是返家呢？我在暗里猜度，想着想着，老太太的影像一下子模糊了。我让视线安分地回到自己的天空，想起了海子——面朝大海，春暖花开。忽然觉得悬在空中的夜灯如搁浅于海上的星星，口中的鸡蛋皮渗出淡淡的苦涩味，许是海洋的味道。

什么是幸福呢？爸花了半辈子时间去找寻幸福。每次喝得半醉，他总会重复一次家族的命运，然后告诉我们“受敌累，内战累，失去尊严累……生命诚可贵，国家价更高，若为自由故，两者皆可抛！”为此，爸一生最大的愿望就是“投奔自由”，他不顾一切逃到港澳，又不惜放弃辛苦经营的家业远赴加国。回归前，我们决定举家移民，只有我一个人留澳读书。回归那年，我正式成为教师，领着学生参加回归庆典，看着五星红旗冉冉升起，心情异常复杂——回归了，澳门终于回家了！而我的家却因此而离散。虽然不乐意，但是，我没有质疑爸的追求，因为广东有句俗话“针不扎在自己的肉上不知痛”。记得入籍仪式前的晚上，爸忽然说：“我们明天举手唱国歌时，可以唱中国国歌，反正他们是听不懂的！”然后吃吃地傻笑。爸又一直强调：“无论到了何处，我们都是中国人！”看到报上有关中国的利好消息，他又会感慨：“中国的光明，总有一代人能够看得到……”既然那么放心不下，又何必离开呢？我总是不明白他。

常人很难理解，一个拥有加国国籍，且家人已经移居当地的人，竟然会选择留澳升学，且读中文系，而英语不好是我唯一的借口。“能说流利的普通话和广东话，在烈治文生存是没有问题的，很多英语比你拙劣的人也找到工作……如果毕业后在澳门找不到工作，就过来再读个学位吧。”妈常说。为此，我特别努力找工作，还没毕业就找到一份中文教职。有一段时间，因为爱情触礁，我一度想放下澳门的一切，回到烈治文的家，我准备去修个对外汉语的课程，到那边当“中文家教”。我特别留意到当地有个“温哥华华文作家协会”，写作大概可以成为我余生的精神支柱，关键是“我必须先让自己成为一个作家”，于是我执意重新写作。在未来的蓝图中，一切都想象得那样周到，唯一不习惯的是烈治文的夜——太安静了！深夜人静的时候，我躺在床上，总觉得自己一直在漂浮，那时候，我会惦记着海子——微醉的他，独自卧在路轨上看天，遥想着背后是一片茫茫的麦田。闭上眼睛，我还会听到海子的誓言：从明天开始，做一个幸福的人 / 喂马、劈柴，周游世界……

其实，我们的理想都太小了，小得只想容纳一颗安稳的心——喂马、劈柴。可是，真实的世界太大了，大得无法丈量自己与幸福的距离。所以，海子把幸福交给了车轮，让理想在自己深爱的土地上飞驰。而我没有，因为我不是伟大的诗人，一介凡夫俗子理应选择过平庸的日子，所以我坚持在自己熟悉的文化土壤中存活下来。儿子出生后，妈就回流了，爸从此也不必做航天员，一年跑加国十数次了。未几，妹妹决定回香港工作，弟弟回澳继承父业，我们一家人总算全部回家了。更可幸的是，这莲花宝地并没有父亲当初逃离时的恐惧，不仅马照跑，舞照跳，经济还欣欣向荣。我们不再需要介绍自己是来自香港隔壁的小城了，因为澳门在国际中开始有了自己的名字。自从公务员本地化后，不懂葡文的我竟然也考上了公职，开始以主人的身份参与社会。除了正职，我还有幸投身文化社团，建构儿童文学平台，举办弘扬国学的活动，参与本土文化建设，又为自己喜欢的立法会议员助选……回归后，我才真正用心地认识这个城市，书写这个城市，回馈这个城市。

妈偶然会惦记着烈治文的空房子，怕没人打理会破旧，故常建议爸一同回去走走，但爸却总是以不想远行推辞，以他自己的说法是“在家千日好”。他说自己其实并不特别喜欢烈治文的房子，因为烈治文位于地震带，又是填海区，遇难时会首先下陷。所以每次回加国，他总会为全家人重新整理“求生包”的物品，好像马上就要逃难似的。我们会反驳他：“以前我们在澳门皇朝区面海的高楼不也是填海区吗？”也许基于此，回流后爸竟然卖掉了皇朝区的豪宅，回归发迹前的老房子。那是一座近百年的旧式楼宇，十三层高，有着文化遗产式的古老电梯，我们住在一楼和二楼相连的复式单位。爸会吹嘘道：“其实这里跟烈治文的独立屋一样好，看！地下是车房，一楼是厅堂，二楼是房间，门外的杂货店像自家的储物室，不远的水塘就是我们的后花园……”妈跟爸不一样，她比较喜欢加国的生活环境：怡人的天气、悠闲的生活，还有很大很全的超市和购物商场……那都是她梦寐以求的。可是回流后的她生活也美满，她比移民前更深入社群了，闲时去二龙喉公园晨运，去长者书院读书，去参加各大社团活动，去公立医院轮候保健……比起对单纯的生活环境的追求，她显然更享受和好友结伴的快乐。

廿多年前，很多华侨回中国认领曾被没收的产业，我问爸为什么不回去把爷爷位于两广的产业要回来？爸说，产业是死的，生命是活的，身段轻盈的人才可以飞得高。然而，飞得再高的鸟，最终还是要回巢的。爸一生为寻找幸福家园而振翅，犹幸晚年终于找到了“面朝大海，春暖花开”的归宿。

错而，本名杨颖虹，致力教育、成长类的文字创作。多部小说、散文、剧本等夺得澳门文学奖。

归去来兮

——一位老华侨的旧事

谷 雨

1955 年 7 月的一个黄昏，马来亚（后来的马来西亚）槟城的码头上停着一艘叫“海利”的大船。风从海上来，吹过岸边的椰树，轻轻掠过 21 岁男子年轻英俊的脸。

汽笛声响起，他拎起大皮箱，与二十岁的弟弟踏上登船的舷梯。回头望向岸边，人群中，父母直直地站在那儿，弟弟妹妹们也在，轻轻挥挥手，再见了爸爸妈妈，再见了弟弟妹妹，再见了成长的土地。

天色渐暗，他看不到他们脸上的表情。一对送走自己长子与次子的父母，把刚成年不久的一对儿子送回远方的祖国时，该是什么样的表情？激动？不舍？伤感？不知道。

我只知道，那一刻，海岸把亲人们分开，而他们并没有意识到，这已是他们此生最后的告别。要是知道，此生不复再见，他会不会登上那

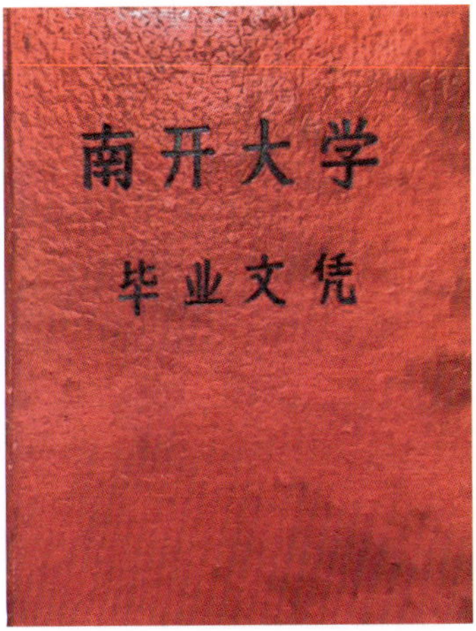

谷 雨摄

艘船？要是知道，离去的孩子就如断线的风筝，做父母的会不会放手让他们离开？

他和弟弟，出生在南洋，在那里长大，这是他们第一次远离父母，怀着热情，他们要回祖国了，回去建设才成立了六年的新中国。

那是一艘从槟城开往香港的船，上船后，马来亚警察上船，没收了他们的身份证，并发了一张收据。这张收据一直保留着，早已泛黄破旧。当时有这样的对话：

“你们选择离开马来亚去中国，知不知道你们离开后，再也不可以回来做马来亚公民？”

“知道，这是我们的决定。”

进了船舱，见到的是一大群热血青年，大家都很兴奋，因为马上就

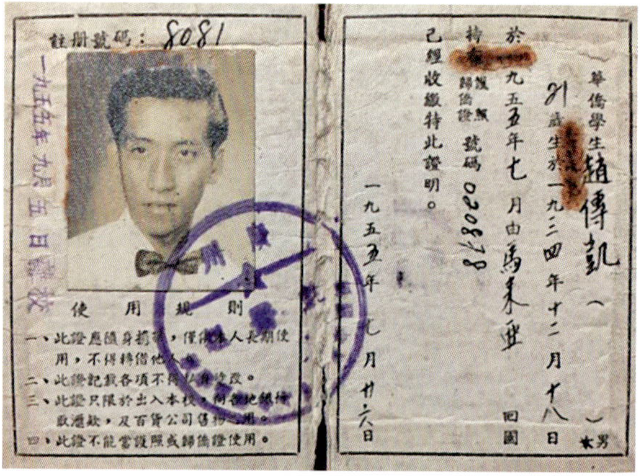

谷　雨　摄

谷 雨摄

要回到从未见过的祖国了，“回去”建设祖国，这是所有人一心向往的。

船中途在新加坡停一下，又上来一批年轻人。然后他们从香港下船，由英军直接押送到罗湖，进入内地。比他们早到的华侨青年在口岸接他们去招待所，再转去广州石牌的华侨补校。在那里，有来自世界各地的华侨，东南亚的，日本的，甚至南非的……

他的人生从此翻开了新的一页。

回国时的那一腔热血，一直到他的心脏停止跳动，从未冷却。哪怕后来的岁月里，他受到不公平的待遇，哪怕吃了很多苦，对祖国的爱仍那么热烈。看看父亲，和身边的华侨们，再看看澳门、马来西亚和英国的叔叔、姑姑们，好像所有的华侨身上都有一股这样的傻劲，是的，有点傻，有点痴，有点令人不解。

谷 雨 摄

这个男人关心中国宇航员的太空之行；他专注兴奋地看国庆阅兵，事后津津乐道；他为中国运动员捏一把汗，为每一次国际比赛体育馆里升起的五星红旗激动不已；中国的每一个好消息都让这个男人雀跃……

澳门回归那天，阳光灿烂，他带着我六岁的女儿去迎接驻澳部队。当手里举着小五星红旗的女儿和外公一起回来时，他满面红光，高兴得像个孩子。

是的，这个回来建设祖国的帅小伙，是我的父亲。1934 年出生于新加坡的他，长大后读的是英国人的教会学校，英文非常棒，又会说福建方言、潮州话、客家话、马来语，但说得最多的，是普通话。他写得一手漂亮的中文字，而且被那个一口苏北腔的老爸再三叮嘱：记住自己的籍贯——江苏淮阴。后来我读书时，也在他要求下，在籍贯一栏填上江苏淮阴。尽管那是一个对我和他而言都极陌生的地方。

父亲成长于马来亚。说到这个，想起他去世前几个月，还在病床上看抗日神剧，听到一句台词：“这位是马来西亚来的……”他笑了：“抗战那会儿哪来的马来西亚，那时候叫马来亚啊！马来西亚是 1963 年才有的，1965 年新加坡才退出联邦，这帮编剧一点常识没有啊。”

病痛中的老人家，在身体忍受痛苦之时仍会看电视，除了抗日神剧，每天的新闻必看，还要看时事分析。去世前一段时间，躺在床上的他需要我们时不时帮着翻身，但电视经常是开着的。甚至去世前一周，他被送进了急诊室，没有电视看，每次见到我和弟弟都要问：“朝鲜和美国现在怎样了？这两天有什么新闻？”

我不大理解，都病成那样了，怎么还会如此心系国家大事，“你只是一个八十三岁、癌症晚期的老头儿，并不是国家领导人，也不是澳门的什么政要”。

也许自幼所受的教育，就是国家永远是最要紧的。我祖父，他的父亲当年在马来亚开办华人学校。他与祖母，都是当地德高望重的华侨。抗日战争开始，他不但将身家捐出来支持国家，还组织学生做纸花去义卖。

日军占领马来亚，日本人要他出来教书做校长，祖父坚决不允，他说死都不能当汉奸。于是，带了一家老小躲进深山里，在山上待了三年，打各种野兽、蟒蛇之类果腹，还曾因为吃了木薯而中毒，那回全家上吐

陈显耀 摄

下泄，差点没命。

后来，从不干重活的祖父去弄了一辆单车，下山批发辣椒去卖。后来被人送了回来，满身是血——因为新学骑车，结果在路上翻了车，辣椒散了一地，人也受了伤。

即便如此，不为日本人做事，仍是他的原则。直到日本投降前夕，他才带着全家下山，日本投降后，重新做了校长。

为推广华文教育，祖父开的学校收费低廉。有的华人家庭贫困，他不但免学费，还招呼学生在家里吃住。学生毕业后，祖父会为学生到处去找工作，推荐给旧友，甚至写信去其他城市，为了学生可以说是呕心沥血。

祖父心脏病发去世后，从前得到过帮助的学生们一起捐钱，供我最小的叔叔去英国留学，学的是医科。小叔叔后来留在英国，结婚生子，有了很好的发展。这大约就是人们所说的福报吧。

父亲回国后参加高考。本来考取了中央音乐学院声乐系，但一来担心嗓子的持久性，二来他答应祖父，要学科学，“学了科学才能建设祖国”，所以他放弃了音乐学院的名额，最后考入南开大学植物生理系。

在得重病之前，父亲已将一批年轻时的照片交给我保管，还有一封他保存了几十年，祖父写给他的信。信中叮嘱他：“除了英语，更要学习德语和俄语，因为德国和苏联是科学发达的国家，学了这两门外语，可以更好地了解他们的先进科学，为国家效力。”

我家书架上，的确有不少德文和俄文甚至法语和日语的字典与书籍。父亲完全靠自学和听收音机，学了很多门外语。他在上海农科院情报所工作期间，翻译了大量农业方面的外文资料，得到很高的评价。甚至农业部也曾借调他去北京接待国外农业专家。因为他的专业知识加外语基础，尤其是专业外语词汇的掌握当时在国内非常少见。

只是，父亲从小倔强，常常犯傻，从不溜须拍马，在单位不受重用。在 1983 年他四十九岁那年，离开生活了二十几年的上海，来到陌生的澳门，投奔当年与他一起回国的大弟弟一家。他后来的岁月就与澳门再没分开过，直到人生最后一程。

来澳门之前，他一定没有想到，有一天，他将永远安息于此地。感谢澳门，接纳了这个一生漂泊的游子，给了他工作，给了他尚算不错的生活空间，给了他把全家接过来安顿妥当的宽厚。他爱澳门，曾对我说：澳门真是个好地方，有人情味，又不像香港那么忙乱。

是的，他爱澳门。在他人生的最后一天，我犹豫地问他：最后想安息在哪？是不是要回他的老家马来西亚槟城？最后，他给的答案是：澳门。

除了想与一双儿女更近些，大约也是因为这里有他太多的回忆。他喜欢这座城市。以前出去旅行回来，他会说，每次回到澳门，一下船或一下飞机，心里才踏实，很愉快，觉得到家了。

澳门回归祖国二十周年的日子近了，他却没能看到这一天。他的骨灰依其遗愿，埋葬于此，这是他人生最后的归宿。

是的，澳门曾经张开怀抱接纳了他，他在这里度过了三十六年。这里有他的儿子女儿孙子外孙女，有他来了澳门之后在市政厅花园处工作时培育的无数花草树木，从外地引种，慢慢长起来的树是他引以为傲的心血见证。

如果说父亲年轻时的梦想是回到祖国，为祖国的建设出力的话，我不敢说他的梦想已经实现了。因为，好像，这一辈子，他浪费了太多的光阴。有时候，觉得他的一生就像那艘从他父母身边带走他的叫“海利”的船，永远在海上，从未上岸。

但毕竟，他在这世间留下了弟弟和我，他在澳门留下了绿色一片。回归二十年在即，我最大的感慨是：可惜父亲没能见到这一天。

世界也许并不在意，曾经，有一个年轻人，为了建设国家，远渡重洋，离开父母，跋涉千万里归来。他也许很渺小，并不是叱咤风云的人物，但他是一个老实人，一辈子都想做一点事，为国家尽力。他也的确努力过了，为社会做出了他的贡献。

对他而言，祖国，他爱，一直爱，非常爱，这就值了。

谷雨，本名赵阳，上海出生，80年代末移居澳门，《澳门日报》专栏作者，出版散文集《梦里听风》（澳门日报出版社）、《没有错过的阳光》（作家出版社）。

岸

林　格

在海旁挥手送别一迭白浪，风向一转，这迭迭归来的浪，是否如初？父母亲赶上了所谓第一波的移民潮，不同的是，别人是从小岛移出去，他们是移进来。离乡背井，只求更好的生活环境，离岸的人是这样打算，抵岸的人亦然。父母亲用半生时间实践刻苦耐劳、勤俭节约的生活之道，后来，他们终于搬进了位于黑沙环、马场一带的单位，那正是我挥洒童年的住处，而长大后我才得悉，这片打开窗便能饱览的海岸，正是当初父母亲抵岸之地。

比澳门特区政府刚好“年长”十岁，年近三十的我，仍然无法想象父母过去费了多大力气，才能在这小岛留一瓦遮阴。闲聊时，父亲会提起楼价上涨的速度，叹息我们这代人难以置业的同时，亦追忆当年，跟不上通胀的人，往往只能割舍部分生活，或娱乐，或向上流动的机会；而机会，正是过去与现在最大的差异，所以当第三次移民潮隐约泛起时，他们宁愿我到外地闯荡，也不愿我苦守机会。扎根此地的父母，时刻提醒着我世界之大，想见识不必顾虑，想迁移不用强留，也许在他们心中我是参天巨树，得要有更大片的土地供我养分。可在我看来，我更愿意成为植被，土地怎么来，我便怎么去，离开或留下跟爱无关，只是彼此需要的环境不同，流动人口既成常态，对于爱的诠释，我们早应该学会包容与成全。

身为生在海边的孩子，母亲从小劝导我要学习游泳，不懂水性，就等于少了一种活下来的技能。对于游泳的一切印象，皆由溺水开始，某

陈显耀 摄

年暑假，我随家人在新花园泳池嬉水，他们一不留神，我挣脱了泳圈，第一次尝到在水底不能呼吸的滋味，而这种窒息感，让我知道了什么叫作闭气，明白了忍耐是适应新环境的第一步，懂得闭气，自然就不会怕水，不怕水，才能借水前行。或者，母亲一直以来担心的，并不是滔天巨浪会侵袭小城，而是在灯红酒绿的染缸中，不可能时常风平浪静，一旦遇上波折，人便要懂得浮沉。闭气，四肢放松，保留体力，静待机会再次跃出水面。

离开泳池，来到有风有浪的海滩。见我游了许久仍旧停在岸边，母亲笑说不懂借浪的人，无法在大海里游得远。言谈间，提及以前在圆台仔一带的泳棚，那是父母亲初到澳门时展示泳技的地方，也是个思乡之地。面对这片伶仃洋，对岸有他们的双亲，他们儿时的家，而为了在澳门的家，父母亲只有少数时候能够回乡，曾经，我就像他们的锚，让他们定了下来，但现在，我希望能成为他们手上的桨，送他们抵达每个向往的海岸。

林格，八零后，澳门土生土长。插画师，设计学士及文化产业管理硕士。长年对生活过敏，偶尔文艺，偶尔毒舌。写文字，亦画插图，作品散见于报章杂志。

“阅读·关怀”·人心回归

沈尚青

从小到大，我从未忘记自己的中国人身份。我1992年到西班牙西维尔参观世界博览会，先后到过美国馆、英国馆、德国馆、日本馆，甚至沙特阿拉伯馆参观。对于美国馆什么展品都没有，只有一系列阐述美国独立宣言与自由民主普世价值的文字及幻灯片，然后就是不同的美国品牌公司卖自己商品广告的摊位，我感到异常惊讶：真是目空一切的美式资本主义啊！英国馆展示英国的先进信息科技，并设了一个剧场，让来宾看一场关于英国通讯科技演进的现场音效及情景效果表演，极尽视听之娱，使人对英国的先进通讯科技留下深刻印象。德国馆的主角是一棵大树，展馆主题以地球可持续发展与保护环境为中心。日本人在世博展示日本精致的传统文化，纸艺与茶艺展品，展现大和民族的细腻生活方式。沙特阿拉伯馆让参观者了解伊斯兰与沙漠部落文化，还有阿拉伯书法。沙特男接待员彬彬有礼，儒雅倜傥，还用阿拉伯书法写出我的名字，让我知道，原来阿拉伯文的串写法，是从右到左的！风度翩翩的馆员与女宾亲切合照，与中东严苛的宗教印象，全沾不上边儿。

参观过以上各有特色的展馆之后，我满怀期望地走到中国馆。中国展馆的门面设计没有让我意外：是传统的牌楼，很“中国”的款式。走进馆内，我看见了古代的张衡候风地动仪和中国四大发明模型展品。有一个模型讲到弩也是中国最早发明的，记得当时的说明文字大概是说，弩是现代火箭的先驱。展馆中有关中国现代东西的介绍并不多，就只有一个长征火箭模型与西昌卫星发射中心的介绍，附一张升空中的长征火

陈显耀 摄

箭彩图。展区只占整个展馆一半面积，其余一半地方，全部用来做生意，卖工厂制造出来的花花绿绿的纪念品，玉器与饰物，中国加工食品。最不可思议的是，还有中国粉面饭、饺子、小菜之类现吃食物出售，中国展馆变成全球随处可见的中国餐馆，现场感觉是闹哄哄的，仿如一个大卖场。

见识过欧洲国家、日本和沙特阿拉伯等国有主题有表述、用心设计的展馆之后，目睹自己国家展馆的粗放式布展与杂乱无章，趁机做点小生意的布局，当时的情绪何止失望，简直绝望至崩溃，眼泪止不住潸潸而下，几秒钟内泪如雨下几近失控。我急忙找个隐蔽的角落坐在地上，把头埋到背包中，哭得一塌糊涂，愈哭愈凄凉。

痛哭一顿后，心情渐渐平复，我站起来，调整情绪，走到很少人驻足的长征火箭巨型彩照前，请求一位路过者替我与火箭图拍个照。长征火箭是世博中国馆中，唯一使我感到国家未来还有希望的展品。

从事国际新闻翻译三十多年，每天接触大量西方通讯社信息，虽在爱国报社工作，我却几乎不读新华社消息，所有有关中国的消息，都从外电获得。而外电是甚少报道中国消息的，即使有报道，十之八九是负面消息。后来我开始关注新华社的新闻报道，新华社不单报国内新闻，也报国际消息，许多中国记者更亲自到世界热点进行采访。由此，我目睹了中国走向世界，并且国际化的进程。而外电由从不提中国，到开始报道中国的“坏消息”，到今天大量报道中国，虽然仍然是西方观点讲中国事，但中国的正面发展，西媒亦（不得不）报道。我十多年前抹干眼泪站在火箭前拍的照，证明当时内心对国家的愿景，今天正得到一步步实现。

自90年代始，我每年都策划两次自由旅行，这些年走过多个大大小小的国家，进过撒哈拉沙漠，上过天空之城马丘比丘，跑过古巴、以色列和巴勒斯坦……就是从未到过上海、苏杭和名闻天下的九寨沟。北京只到过一次，是带母亲游长江三峡时的终点站，如此而已。要问踏遍五大洲独欠中国的缘由，真不知从何说起，没有确切的答案。或许是理性与情感上，你知道自己是中国人，但在情绪上，因种种负面perception①的累积，你想回避中国。这种复杂的情结，估计是因为与母体在体制和文化上长期差异，而这差异形成了一道无形的防火墙，不因九九澳门回归祖国而有改变。

2013年我加入了“澳门汇才助学义工”组织，资助粤北、湖南与贵州贫困高中生，并到湖南与贵州进行学校及家庭探访。加入“汇才”的目的，与其说是为了资助内地贫困学生，不如说是想借着助学探访，了解和接触真实的中国，从而有望拆除竖在心中的那面防火墙。

助学探访，接触学校教师与受助学生，到受助生家庭探访，与家长交谈，是我认识陌生祖国的开始，过程中不断思考自己的角色，渐渐地进入情感回归：这是自己的国家，你不能光是享受她给你的优惠待遇，在外旅

① perception：意为看法、认识。

行时消费她的进步带给你的国际地位，然后又嫌弃她这样那样的落后、不文明与不足。我希望参与一些我力所能及的工作，使她有更好的改变。

数年的助学探访，使我直接觉察到农村子弟较城市少年儿童质朴耐苦，学习动力高，上进心很强；村镇学校教师普遍关爱学生，师生关系融洽。农村师生，是澳门人最值得帮助的一群。我从自己的资助生口中知道，农村小学缺乏图书情况普遍。

2016 年我听从内心呼唤，发起了“阅读 · 关怀”计划，在一年一度的澳门书市嘉年华号召澳门读者“一人捐一书”，以众筹的方式，给贵州山区十所小学捐赠课外书，并亲自探访，与校方交流推广阅读方法。至 2018 年“阅读 · 关怀”计划扩展至江西罗城镇，年初获赠书的小学有六所，预计受惠学校数目可进一步增加，计划并扩至贵州平塘克度中学（初中）。

“阅读 · 关怀”并非只是一次性的赠书活动，而是持续不断提供多元优质图书予农村小学生，培养其广泛阅读及终身自学的习惯，开阔农村子弟视界的工程；同时准备把赠书计划覆盖至这批学校的学生将会升读的初中范围，让已经养成阅读习惯的学生能够持续获得所需资源。我们用印章给每本书都盖上一句口号：阅读改变命运！

阅读确可改变命运——不单改变个人命运，而且可以改变国家命运。我的小小阅读工程计划就如一块试验田：广大农村学校只要定期投入优质图书，学校积极推动阅读，期以十年，将有千百倍的可观回报：农村

陈显耀 摄

子弟的素质——从识字率、知识水平，到人文素养、自学力、判断力与解难力，必有翻天覆地的变化。期望事实的证明，可驱动政策和人心的改变！

我把持续送书到村校视为最低成本而最有效的精准扶贫，连续几年在书市，都呼吁澳门市民加入。每一本赠书，我都亲自到广州批发市场挑选，澳门居民送出的不止是书，而是民族改变命运的祝福。期望“一人送一书”“阅读·关怀”计划，能在其他有心人的接力下，复制到全国！

五月初，我和姐姐前往江西宜春万载县罗城镇探访学校，沿途接触了许许多多的人，在广州南站查询登车口时认识了一位由番禺回乡的万载县女子小蕾，高铁抵达宜春时她领着我们，和另一个男乘客一起拼车。在车上，小蕾邀请我到她家乡玩，说花季的万载县，姹紫嫣红，好不美丽。虽然时间所限不能成行，但我感受到她想做东道主的美意。小蕾把我们送到酒店，在车上我们还交换了微信。

罗城镇探校的过程开心又振奋，尤其遇到已全面开展阅读的学校，他们告诉我们小孩子见到书是如何的雀跃兴奋，爱不惜手；然而也遇到收了我们的书却还未使用,或者不知如何使用及只让高年级借阅的学校，这都在我的预料之内，而这正是我们此行的意义：了解实况，解决问题。

我同校长老师们说，孩子不需要认识了许多字才“有能力”阅读，而是从密集阅读的过程中认识许多字，然后反过来又增强他们的阅读力……当中的因果关系要倒转过来。尽早让孩子接触图书，让书成为学前班小孩的玩具，他们的学习力定会呈爆炸性上升……从未接触过阅读计划，未尝过阅读带来惊人效应的老师，感激我们给予的意见；我感激他们给我效力的机会。

结束学校探访，载我们走了近八小时的师傅把我们送到宜春的酒店门口，结账时他开出一个令我惊讶的价钱：四百元而非预计的六百六十元。我感到不好意思想给他一点小费，他拒绝接受，说：“你们是来做帮助我们的有意义的事，我收这点钱就够了。”那一刻，我真的非常感动。这同“贪钱中国”的印象不符啊。

探访完学校，我们到温汤镇游览，民宿老板告诉我，你们是长者，到明月山景区是不用交入场费的，只需付二十元保险费便可。我和姐姐准备享受一下中国老人福利，在巴士站等车时，遇到一对中青年男女，他们建议一起拼车，于是我们就一同上了汽车。车上听到他们的目的地不是明月山而是古村，我问那对情侣：如果我们不上山，可否带我们同游村庄？想不到他们爽快地一口应承。

于是，我们把行程改变，和不认识的同胞同行了半天，他们带我们去了自己不会走的显应禅寺，一起吃了来到江西吃得最好的一顿饭，彼此聊得蛮开心，还拍了合照。

由于网络覆盖的原因，我们始终交换不到微信，这也许是缘分止于此吧。

江西行遇到美好的人和事，促使我调整今后的旅行计划，准备腾出更多时间游走神州大地，于有生之年体验大江南北风土人情，重新认识自己的国家。

沈尚青，本名陈艳华，中国作家协会会员，报刊专栏作者。小说作品有《错爱》《晚情》《香农星传奇》《除却天边月没人知》，散文《雌雄同体》、《七星篇》（合集）、《美丽街》（合集）。《错爱》被中央电视台拍成电视连续剧。

十年丰盛　二十年精彩

——澳门回归祖国二十周年私人日记

穆欣欣

“我们这一代人，是经历过大时代的！”

想象若干年后，这是我给儿孙讲述往事时的开场白。

1997 年我们见证香港回归祖国；两年之后我们亲历澳门回归。这成了港澳社会乃至个人生活的分水岭。历史是一出大戏，我们既是历史的书写者，也是历史的主角。将个人置于历史的长河之中，想必就是这样吧？

之于我，也确实是这样：个人命运因澳门回归这件大事而改变，戏剧性的偶然让我成为自己人生的编剧。倥偬二十载，在改变我人生的每一个节点上，无不与“回归”息息相关。记忆犹新的是 1999 年 12 月 19 和 20 日两天，从坐在北京央视演播室讲述澳门的那一刻起，我的生命轨迹就发生了巨大变化。此后每一年的 12 月 20 号，我被媒体问得最多的一个问题是：“1999 年的这一天你在哪里？最难忘的是什么？”一个问题，只是引子；幕启，生活的大戏正式上演。

我的 1999 年 12 月 20 日

地点：北京。

寒冷。

据说这个冬天是北京多年不遇的、最寒冷的冬天。

中央电视台的直播间里却温暖如春。我卸掉身上的“重装备”后，便全情投入央视“澳门回归祖国四十八小时直播报导”工作。我的搭档，是著名电视节目主持人方宏进；和我一起从澳门来的，还有澳门大学的刘伯龙教授。

我在央视直播间里度过了 1999 年 12 月 20 日这一天，以澳门人的身份，和央视人共同解读澳门文化，既远又近地目睹了澳门翻开的新一页。

我那时并不知道，这次直播，将全盘改变我的生活轨迹。此后经年，我又和央视多位主持人搭档过：王世林、徐俐、鲁健、刚强、郎永淳等。

从这一天开始，澳门和我的距离，如一首歌的歌词那样：“这么远，那么近！”

从这一天开始，仿佛注定了，我要遥看澳门，尽管心底对澳门的牵挂是时时刻刻，无日无之！

1999 年 12 月初，距离澳门回归还有半个月的时间，一天晚上，当时新华社澳门分社（现在的中央人民政府驻澳门联络办公室）文体宣传部张健部长打电话到我家里。那时，手提电话并不普遍，朋友间的联系还是习惯直接把电话打到家里。张部长开口就说：“欣欣，有件事不知你能否帮忙，中央电视台在回归当日有个直播，但他们不熟悉澳门名流，你能否到时去帮他们认认人？”我当即满口应承，说：“这个不难！”

现在想来，张健部长当时对要求我帮的这个“忙”是举重若轻，也许张部长有意轻描淡写。如果他告诉我详情，这是由新华社澳门分社向中央电视台推荐“澳门回归直播报导”的嘉宾主持人选，我当即就会打退堂鼓。理由一，我没有任何大型节目的直播经验；理由二，当时的我，

陈显耀 摄

黄毛丫头一个，长居澳门，却从未好好思考过澳门以及关于澳门的一切，更遑论要面对全国观众谈澳门。唯一能过关的，也许只有我的普通话。

直到几天后，我到珠海和央视的编导们见面，仍未意识到这是一项什么样的任务。一个下午就在习惯性的随意闲聊中过去了。掌灯时分，编导问我，什么时候能到北京参加直播演练？我才激动地想到，天哪，我真的要到北京去了！激动，完全源于我对北京的迷恋，那时，无论什么理由，一提到北京，我就满心激动；这辈子能住在北京是我最大的梦

李　风摄

想；关于直播节目，我还是全无概念。

距离直播只有一星期的时间，出现了一些波折，非关央视，但仍需央视人出面解决，这个任务落在了时任央视驻澳门首席记者李风身上。李风发挥了央视人干练的风格，几通电话后，问题及时解决，我如期“飞”到北京，投入回归直播报导。

方宏进是一个综合素质非常好的电视节目主持人。演播间的间隙空挡，他亲切得如同一位相识已久的老大哥，和他合作，既轻松又愉快。直播节目得以顺利完成，除了我的“无知者无畏”，方宏进功不可没。

那时，我和前文提到的李风，素不相识。尽管他在关键时刻为央视、为我解决了问题。我到北京为直播节目而忙碌；他依然在澳门，以央视驻澳门首席记者的身份，为澳门回归的一切忙碌着。我出镜的节目，他顾不上看一眼。1999 年 12 月 20 日之后，我和李风，又各自回到了原有的生活轨道上，我们依旧是素未谋面的陌生人。

两生花

如同说书：“花开两朵，各表一枝。”

这一枝花，开在十年之后。

有一种花，叫两生花。

1999 年前，我和李风，都在为澳门成为世界焦点而各自忙碌。不同的是，他在澳门，我在北京。

那时我们是毫不相干的陌生人，素未谋面。

十年后，重复的场景，仍然是他在澳门，我在北京。但此时，我们已是相濡以沫的亲人，各自忙碌，彼此惦念。

此时，有一个健康快乐的孩子，叫李风“爸爸”，叫我“妈妈”。

爱情是什么？是彼此相见，如遇故交，问一句：“你也在这里？”答一句：“你来了，我就来了！”

两生花之根，源于十年前央视澳门回归直播报导。这次直播全盘改变了我的生活轨迹。

距离那次直播两年之后，我来到北京，开始了澳门人在北京的生活，开始了既远又近地看澳门。从此，澳门带给我的，是别样的感受。

我把我在澳门，有父母、姐姐们的欢乐大家庭比喻为“祖国”，把我和李风这个“一国两制”模式的小家庭比喻为“澳门”。我们的小家和“祖国”大家血脉相连、唇齿相依。小家有困难，“祖国”总是及时地、无条件地伸出援手。

十年，李风作为央视的一名工作人员，再次进入澳门，为“盛世莲开”澳门回归祖国十周年特别报道严阵以待。

而我，依然和央视合作，担任央视中文国际频道的“盛世莲花”澳门回归祖国十周年特别报导北京演播室嘉宾。

忙碌，使我们两人都无暇照顾孩子。孩子，被我们送回澳门的大家庭，有大家庭温暖的呵护，我们无比放心。

我对孩子说，爸爸妈妈要忙一件大事，这是澳门人的责任，等你长大一点就会明白的。

当时眼前的这个小人儿，让我又想到澳门回归五周年的一刻。

那是我第二次和央视合作，担任中文国际频道澳门回归五周年直播节目北京演播室嘉宾。陪伴我进入演播室的，是面前的这个小人儿，那时他刚在妈妈的肚子里落户，还不及一颗黄豆大！

直播节目一结束，央视中文国际频道的负责人范昀对我说："回归十周年，我们的节目还要请你来做嘉宾。"我的瞬间反应却是："到那时，我的孩子该快满五岁了！"

岁月如梭啊！

生一个孩子，写一本书，种一棵树

"如果只能用一个词来概括自己的这个十年，那便是'丰盛'。"——《十年》

我在澳门回归祖国十周年时写下了上述文字。

十年岁月是如何丰盛？借用葡萄牙人的一种完美人生理念来形容：生一个孩子，写一本书，种一棵树。据说，这也是葡萄牙国家环保部门的宣传语句。

感恩上苍，我在 1999 年到 2009 年这十年间完成上述三件事。

所谓的完美人生，是在我们和世界之间有一个完美的对接点。

2005年7月，我成为了妈妈。这岂止是十年间的大事，更是我整个人生的大事。同时，也意味着我开始面对人生新课题。

2017年，也是一个7月，我的“课题报告”——一本用文学笔触记录孩子成长的书——《猫为什么不穿鞋》面世了。

这本书的意义何在？让孩子慢慢成长，长成一个快乐、从容、善良的人，对世界葆有好奇心，做自己喜欢做的事，这是我所希望的。曾经，不止一个朋友对我说，自从成为妈妈之后，我变得柔软、温暖了。听了，我心里只有愧疚，因为我自己也不知道，从前的我有多冷！这本书是孩子的成长记录，也有我成长的步履。每个孩子都是诗人和哲学家，他们对世界的洞察力往往高于成人。

我写的是一个什么样的孩子呢？

两岁时，他会在半夜把你叫醒陪他一起看月亮；

两岁半开始上幼儿园的那个秋天，他每天早上吵着要去看落叶；

五岁时的理想是当“爸爸”；

十岁时的理想变成了要做“预言家”；

现在的理想是篮球运动员打入NBA。

我要跟着他一起思考天有多高，地有多厚，猫为什么不穿鞋，小鸡有没有肚脐眼儿这类问题……他曾以“不思考，这世界将会是什么样？”来对抗生活中我总是“快点儿，快点儿”的催促！

不愿意去理发的他，无比珍惜地摸着自己头顶的凌乱，形容这是“离离原上草”。

他说，孩子的“子”是和“孔子”“孙子”一样的尊称，所以孩子是要受到尊重。

他小时认为自己是恐龙，是宠物店里的小狗，是动物园里的小白虎，就是没有意识到自己是人类。一次，他去朋友家，看到墙上挂的一幅画是虎头，竟指着画问主人，那个老虎像不像他？当然，主人被他问得一头雾水。

从出生、爬行到直立行走，孩子完成了一次社会人的蜕变过程。而人生，如果有个成功的模子去往里套，育儿岂不是很容易的事？可惜没有！

成长路上，我们有没有因为看到“别人家的好孩子”而内心焦虑？需要更多从容和淡定的，往往不是孩子，而是我们自己！

如果说，此后我能够从容面对生活中的一切，十有八九是要归因于“生一个孩子”这件事上。后来，我们一家三口在北京郊外一起种下一棵树。然后就是我写了一本书，以孩子的视角重新看世界的过程，这目光中有众生平等的悲悯，让我柔软，让我谦卑。

历史是一出大戏

我想象不出，如果没有 1999 年澳门回归这件大事，我现在会是什么样子？

大学毕业后，我进入了公务员队伍，得到了一份人人羡慕的铁饭碗政府工。但每天朝九晚五的办公室生活，却让我有点不知所措。对面办公桌是一位在印度果阿出生的女同事，人极其和善，临近退休之年。我们的话题不外是她每天到菜市场采购了什么做晚餐。那时的我，既不近人间烟火，也不懂历史，葡萄牙、澳门和果阿这三个地方到底有着怎样的联系？也就是说，我和果阿同事本就有限的话题就更为有限了。有一种不安每天在我内心增长，让我无法遏制地想到若干年后的我，和这位果阿女同事一样，在这间办公室年复一年，一直到退休的叠加画面。

然后呢？我努力地改变现状，将生活的轨迹从澳门扩大到北京，又从北京画回澳门。往来两地的双城生活中，我试图以比较文化的视角审视澳门这座城市，于是，我看到了她的独特。曾经，西方的传教士将西方的科技文明从这里传入中国，澳门是让中国看见世界的一扇窗。如今，这扇窗不仅没有关上，还连带着敞开的大门，我们理应让世界看到中国，看到澳门。

尽管如此，我真正开始思考如何表述澳门，是人到中年以后。这个年纪的人，不会一味前瞻，还需要停顿和回望。幸运的是，我有了这样的机会，想到过去听过的澳门历史人物沈志亮的故事，想到《香山县志》里描述他“生而倜傥，慷慨尚义”的八个字，何其美好，何其动人！这就是在澳门回归十五周年时搬上舞台的第一部以传统戏剧形式表现本土历史题材的京剧《镜海魂》的初衷，一个由澳门基金会与江苏省京剧院两地深度合作打造的文化项目。

作为该剧的编剧，我的心愿只是想写一个让人记住澳门的故事——截取澳门历史上的这个真实的片段，为她插上想象的翅膀。而在澳门众多别称中，我独爱“镜海”一名。波平如镜的海面，让人联想到岁月静好、天地人和。

《镜海魂》故事发生的年代，是中国历史上的一段黑暗时期：1849年——那是鸦片战争后不到十年，英国已将香港岛据为殖民地，偏居澳门一隅的葡萄牙“澳门总督”亚马勒根本就没把正走下坡路的大清王朝放在眼中，更何况人称弹丸之地的澳门！不过，骁勇善战、“兵火历经之处所到必克”的独臂将军亚马勒，在澳门偶遇了沈志亮，故事的走向就拐了弯。

沈志亮是澳门龙田村民，二十岁左右，血气方刚，“生而倜傥，慷慨尚义”。修史者将其形象美化也是有可能的。沈志亮一直生活在龙田村这样一个有民居百余户，桑麻鸡犬、田舍相望的和谐环境中，过着自食其力的平静生活。亚马勒以修马道的名义侵占整个澳门半岛的真实用意昭然若揭。龙田村的平静骤然被打破了。百年前普通澳门人的“中国梦”，即使是自食其力安度平生这样的简单梦想，也成了难以实现的奢望。沈志亮的“中国梦”离我们既远且近。最终，他放下生，选择死。我仿佛听到百多年前那个孤独的灵魂，渴望岁月静好、社会清明的声音！我仿佛看见他走向死亡那一刻遗憾和无奈的身影。一个美好鲜活的生命止于黑暗岁月，无法得见日后光明，我每每思之，总有断肠之痛。

一个世纪过去，故事有了新的情节，却无关沈志亮。

1940年代，葡萄牙人在澳门葡京酒店对开广场矗立起一座策马扬鞭的亚马勒铜像，此处因铜像被命名为“铜马广场”。

在澳门长大的和我同龄的小伙伴们，可能都在这座铜像前留过影。不懂历史，年少无知，快门曾定格在我们如花的笑靥上。

1986年，中葡联合声明确定了1999年12月20日由葡萄牙将澳门治权交还中国。在中方强烈要求下，澳葡当局在1992年12月拆卸铜像，翌年2月运回葡萄牙里斯本。从数十年前这座铜像自葡萄牙运抵澳门，再到最后运返里斯本，这段澳门历史其实并未画上句号。从前的“铜马广场”，如今已改名“亚马喇前地”(亚马勒又作亚马喇)。而沈志亮在哪里呢？整个澳门，我却找不到他一丝一毫的印记。他从澳门消逝，已经一百六十多年！

我多想为澳门这个我成长的地方，找回关于沈志亮的记忆，找回这座城市的灵魂。

我是主创团队中唯一一个澳门人，非专业编剧，一切对我来说都是艰难的。创作期三年，十易其稿。眼见快餐时代下，一部又一部舞台作品从出台到销声匿迹，形同“快闪”。我深知打造一部作品不易，守护更难。《镜海魂》搬上了舞台，我完成了写一个澳门故事的心愿；让这个澳门故事一直走下去成了我另一个心愿。五年来，感谢一同前行的江苏省京剧院的同仁，把戏带到北京、南京、澳门、天津、重庆、西安及珠三角地区十个城市。

而《镜海魂》，从一开始就选择了一条知难行难的道路。

一段尘封的澳门历史，别说内地人闻所未闻，我在澳门的学校作推广，不知道这段澳门风云的老师并不在少数。同时，有更多的质疑声音来自“澳门故事为何要做京剧，顺理成章做成粤剧就好了”；还有“澳门除了博彩业知名，哪里有什么人文故事”；或者“京剧都快没人看了，演澳门故事更没人看”。我遭遇过被拒门外的尴尬：某学校礼貌而冰冷地回复：“谢谢！怕学生看不懂”；遭遇过大型展演被“出局”的打击……生活中一向顺风顺水的我，这期间碰壁碰得晕头转向。

钱穆先生曾说：“任何一国之国民，尤其是自称知识在水平线以上之国民，对其本国以往历史，应该略有所知。所谓对其本国以往历史略有所知者，尤必附随一种对其本国以往历史之温情与敬意。”

传统文化和澳门历史，是《镜海魂》的关键词。

在我看来，延续作品的生命力，就是对传统文化的守护。不知不觉间，最初的心愿转化成了使命。推广《镜海魂》，是一场文化守护之路，更是一次文化自救。对于传统文化，政府层面的倾斜或利好政策充其量是辅助，但不是天上掉下的馅儿饼。文化自信绝非空谈，这取决于从业者对自身艺术的充分认知、专业的审美鉴别力和看得见远方的视野。因此，自救是前提，守护是根本，只有行动起来才有自信。此后，作为国家艺术基金资助的传播交流推广项目，《镜海魂》又完成了珠三角地区广州、深圳、珠海及顺德四地八场巡演，带着对历史的温情与敬意，再一次用实际行动完成对中国传统文化的守护。

就在2017年《镜海魂》完成粤港澳大湾区四座城市巡演之时，澳门特区政府文化局和我商榷将《镜海魂》改编成粤剧的想法。我期待在澳门回归祖国二十周年的舞台上，看到粤剧《镜海魂》的华丽转身。

"如果只能用一个词来概括自己的回归二十年，那将是：'精彩。'"

二十年，一句话、一个词，以上确认无误。

历史是一出永不落幕的大戏！

穆欣欣，澳门作家，中国作家协会会员。被媒体誉为"将澳门文化散珠成串"之人。获第二届汪曾祺散文奖等，作品有《戏笔天地间》《诗心》《风动心也动》《相看俨然》《当豆捞遇上豆汁儿》《猫为什么不穿鞋》等。

四百年后的二十年习惯

承 钰

澳门回归二十年了，等同我人生的一半。在这不惑之年华，前半生在澳葡当局管理的环境下成长，后半场则交托在同文同种的中国人手中，让澳门人当家作主，看到赌权开放后歌舞升平，尤胜从前，人均生产总值飙升，澳门亦从一个“梳打埠”[①]升格为“赌城”，我们的生活改变可大了，不能单纯以好或坏来定义。或者正如昔日祖国改革开放一样，是“先让一小部分人富起来”，个别人士能够抓得住机遇，从此飞黄腾达，成功将收入中位数拉扯升高。俨如一个杠杆，有人升起自然有人跌下去，当中位数愈大，两者的距离亦更远，到底最后是低下贫户可以有攀上高地的一日？又或者当杠杆的一端低至坠入深渊，另一边自然失衡摔倒？

澳门人在这二十年来，随着大气候影响，从一个在地图上难以发现的小城市，变成世界知名，当中亦付出不少代价。尤其有四百多年历史，生活缓慢有致但突然要发展高飞，这种冲突，还真的需要超过二十年时间才能消化。

我在期待下一个二十年，可以印证我们能够将一切都消化成功，化为养分吸收输送到各个部位。在这个比“小国寡民”更显得细小的土地上，再大的数字都是负担，仿佛那四百多年的经历，红颜已老，又何堪变故横生？

① 梳打埠：粤语中“澳门”的另一种叫法。

记得小时候内地还没有实施改革开放时，我们回乡省亲的一个重大意义，是为他们带去生活物资，在那个需要粮票、布票的时代，活在澳门的人不算得是很富贵，但始终根在内地，血浓于水，内地虽然不致于贫乏，但显然在那个时代，紧绌还是有一点，还没有开始谈什么回不回归，也没有说要改革开放，澳门不少人都本着一点孝悌之情，带着不少日常生活用品回乡探亲。说句实话，带回家乡的东西，其实很多我们平日也不会去买的，但却先奉献给内地亲友，这不是一种炫耀，而是给家乡人的一点心意，对长辈的一种反哺之心。

渐渐随着改革开放，内地生活有所改善，这都是我们所乐闻喜见的，然而在回归这个情节上，亲旧距离可以拉近，但很多生活习惯和思想观

陈显耀 摄

念，实在仍需要更多时间磨合和适应。澳门离开祖国怀抱是以百年计，就算是内地不同省市、农村或城市人的生活习惯亦自有不同，求同存异，或许是我们再融合的理想模式。

承钰，澳门资深记者，靠笔杆为生，并具多个身份写作。热爱以文会友，涉猎不同范畴，并希望能用文字与读者分享。

看见蓝天

林中英

澳门妇女联合总会办学六十年了。2016年，一座十二层高、总面积2.2万平方米的美丽新校舍终于落成启用，矗然于黑沙湾区。这第三回迁校，校舍宽大的窗玻璃反照出两旁行道树蓊郁伟岸的绿影；大门处瞩目的金字校训之下是个宽大空间；每一层采自然光的宽敞楼道，足可让学子们游戏；设有先进电子教学板的明亮课室、校史展览室，还有计算机室、常识实验室、音乐室、美劳室、写作室、舞蹈室、书法室、围棋室、多功能室、公开课演示室、教师会议室、幼儿园学生的午睡室、午膳室、保健室、学生会室、家长会室、大小礼堂，和可供外借的正规室内篮球场，等等，当然少不了图书室和户外操场。新校舍可以提供一千个学额进行小班教授。

她是我的母校，两年来，我数度回校参加活动，在新校舍里产生的强烈的空间感，令我感奋，再感奋。新校园有了充足的空间，为践行教育理念，培养学子成材，在其功能上做出具远见的划分，从中可预见母校的教育素质将更为提升。如今二十七个兴趣班和二十二个潜能班办起来了，学生们愉快地学习葡语，英语朗诵，打篮球、扯铃、剑击、跳舞、武术、演话剧，在科学小活动中动手实践。母校为解决双职工家长的困难，为全校学生提供午膳，老师们不避加时照顾饮食、休息、自习的重任，赢得家长的信任，报名入读人数飙升。妇联总会对新型校舍的梦想有多少年月了？为实现梦想洒了几许心血？回归前的葡治时期，校方已向澳葡当局申请批地建校，终在 2010 年获特区政府正式批给土地，九成建筑费由政府资助。愿景达到了，澳门妇联总会会长贺定一女士一再吐心声：妇联学校新校舍建成，圆了几代妇联人的梦！

说实在，于我——妇联学校（旧称澳门妇联子弟学校）首届毕业生，如此新型宏大的校舍从未想象得到。新型的妇联学校与明爱学校是澳门特区政府在教育事业上推行“蓝天工程”的首个成果，有着示范的作用。

所谓“蓝天工程”，就是逐步改变在空间逼仄、不见天日的裙楼里办学，学校一定要有一个室外操场来舒展身心，学生在活动和运动时有

陈显耀 摄

阳光、微风透进，仰首能望见高广的蓝天。目前仍有十多间学校仍在裙楼里办学，要整体实现“蓝天工程”，需要特区政府持久地诚心关注，认真运筹，拨出珍贵土地和投入庞大资源。社会文化司司长谭俊荣曾预计在十五年至二十年里完成任务。

回想我一年级入读妇联学校时，校舍在中区水坑尾街，它原是个树木夹道的私人大宅，大宅楼高两层，楼上办妇联托儿所，地面的一层作校舍。课室散布在大宅的厅房，东一个西一个，有些潮湿阴暗，有些在两头通的天阶前后，上课时两个班级互相影响。升上小学五年级时，我们的课室在花园中的西式建筑内，柚木地板，还有一个小高台，可能是音乐台，因此推想它本是个跳舞间。

学校的花园很大，有鱼池、小亭、曲径、竹丛、老树、香花。果树有黄皮、龙眼、苹婆、水蒲桃、石榴和枣子。香花中，印象最深的是栀子，我们称为白蝉，每到五至七月的花期里，开出素雅洁白的花朵，沁人的芬芳有如清凉剂，消减些许炎氛。果子成熟时，累赘地悬在头顶，想细数却把眼看花了。某个下午，几个男老师拿竹竿缚上钩子，把龙眼黄皮采下来，能装满一箩，学生们也有份在放学后分吃。在绿荫里追逐，在老苹婆树影子下掠豆包、爬马骝山，在水蒲桃下“跳飞机”，于这样的环境下读书、游戏，使我爱上了绿。对比起当时其他工会、社团、乡族办的子弟学校，我们的学习环境简直是美如天堂了。

子弟学校在澳门曾经盛行一时，长久以来，澳葡当局开设有三家葡

陈显耀 摄

文学校，主要供葡人和中葡混血的土生葡人入读，华人学生占极其少数。官校免收学费，还有早、午餐供应，对华人的教育则撒手不管。澳门也有天主教学校、基督教学校和私人开设的学校。市民们或因民族情感拒让子女接受葡文教育，或因交不起学费，或为路途远等，在为子女选择学校上颇费周章，故此许多行业工会自筹经费办学，为从业员工子女谋教育福利。记忆中开办子弟学校的有澳门工联总会、粮食工会、菜农合群社、水电工会、造船工会、上架木艺工会、猪肉烧腊工会、银业工会、旅业工会、鲜鱼行工会、海员工会、渔民互助会等。母校也是其中之一。因经费所限，大多数工会学校环境狭小、设备简陋，更说不上有操场做运动和游戏了。因课室或入读人数不足的，采用复式班教学，两个班级的学生同处一室，由一位老师分先后授课；有些工会学校只开办至四年级。后来好些子弟学校因严重欠缺条件而结束。

1990 年代，随着妇联总会会务发展，极需要扩充空间，筹募经费后拆卸学校，在原址兴建商住大楼，其中四、五楼拨为学校所用，包含十八个课室及礼堂、游戏间等。1993 年母校重返水坑尾原址，校舍崭新，光鲜多了，课室集中，利于管理了。可惜就是欠缺户外操场，学生们在日光灯下、空调房中小息、游戏，运动更受到局限，不利学生锻炼体能健康成长。学校租用塔石体育馆让高、中年级的学生上体育课。改变在裙楼办校成了妇联会的努力目标。

澳门回归后，特区政府重视教育事业，制定政策，做出各项扶助，其中除了推行十五年免费教育外，亦启动“蓝天工程”，将收回的闲置土地用来发展教育，让裙楼学校未来均拥有露天操场，母校遇到了发展的好时机。

参观的那天，我们乘电梯抵达六楼，门刚打开，占整个楼层的图书馆闯入视线，两万多册图书分载在一栋栋书架上一直排到尾端，东西两面墙上的两大溜明窗下，分别放置杂志架、计算机和书桌椅子，另一端围着一大组彩色沙发，是个活泼舒适的讨论区。我惊喜之外，也多了一番感慨。倏忽间回到上世纪 60 年代初的时光去。

我当年升上五年级时，班主任是新来的青年老师伦华继先生，他还负责教授我班的语文课。某天他从果栏街买来两个木箱，以沙纸打磨后，分别装上小木门，加细锁，上光油，用班费买了一些图书，也找来一批旧书，填满两个小书柜，搁到音乐台桌上，这儿便成为班级图书角。伦老师鼓励学生阅读，选出管理员，为借书的同学填表，规定借书要还。从这个表，老师亦可了解学生的阅读情况。

那时候的社会经济条件很恶劣，学生们大都来自贫寒家庭，一个学期十多元学费也要分几次缴交，交不起的只好退学做童工。草根父母限于见识，不知课外阅读是什么回事，即使懂得，也拿不出余钱来买书。图书角满足了同学的需要，记得在一个暑假前我借了一部长篇小说《苦菜花》，在家编炮竹之余便沉浸在文字中，书本为我带来了一个至今难忘的假期。阅读也使我对作文课生了求好的动力，希望能得到老师的评点。伦老师会把好的习作拿到《澳门日报》投稿，待得在 “新儿童”版刊出了，他把报纸贴在墙报上，当看到同学仰头阅读时，心里比吃一大杯雪糕还满足。

如今终究不同了啊，以致跟年轻辈一谈往昔便有代沟。澳门回归以来，图书馆、美术馆多起来，也有了艺术博物馆，公共服务素质在提高。澳门教育暨青年局为推广阅读，每年向各学校拨出为数不少的图书专款，还资助学校聘请阅读推广员管理图书，订定计划，组织阅读活动，常驻校内为学子解决“读什么”“怎么读”的问题。澳门基金会每年邀请本地作家走进校园做阅读讲座，并举办全澳中学生阅读报告比赛。许多学校重视学生课外阅读，辟出专门时段作为阅读课。如今的条件，只要肯读，断然不会没有书香。

阅读，有 “经世致用式”，是寻求知识和技能的阅读，旨在培养技能型人材；另一种是“书香熏陶式”的阅读，读文学作品，乃培养人文情怀，提高人文精神。你误会读这些无用，事实上是“无用之用”，就是只有人的文化素质高了，社会的素质才会高，文化是社会发展的软实力。在母校的图书馆里，我不禁喃喃：今天的学生有福了。这个图书馆就是福天福地，学生在这儿好好享受阅读的乐趣，接福，纳福。

林中英，本名汤梅笑，有散文集《人生大笑能几回》《眼色朦胧》《相思子》《自己的屋子》《女声独唱》《头上彩虹》，短篇小说集《云和月》、《一对一》（与寂然合著），以及文学评论集《澳门叙事》、儿童小说《爱心树》等。

相迎相守

如果有一天

我们在妈阁庙相遇

古老的华夏庙宇

山腰上绿色琉璃瓦

簇拥着飞檐式屋脊

你抚摸着

那两块年代久远的巨大奇石

我伫立在这

悠长的时光画面里

——钟怡

二十年，我和澳门一起走过……

李 尔

弹指一挥间，已是二十年。

还记得那是 1999 年 12 月 19 日的深夜——那一年我刚从英国大学毕业，返澳投身社会工作。当时澳门经济萧条，工作并不容易找，辗转找了好多份工作，最后我勉强进入一个与博彩业相关的网站公司。这份工作待遇其实还算不错，但是有个最大的缺点：工作时间日夜颠倒，早上八九点钟别人起床上班的时候，我们才下班回家睡觉；每天晚上十一二点人家上床就寝，我们则要起身上班了——那天深夜，我如常开车去上班，车子来到友谊大桥的支线交汇口上，被一辆警车拦下。我还记得，站在那辆闪烁着红蓝警灯的电单车前面，那位很年轻的交通警察，向驶近路口的我伸手示意停下。我不知道发生了什么事，心里担心会不会上班迟到被扣考勤。等呀，等呀，不久之后，有一辆闪着警灯的导引车出现，然后是更多的警车、电单车、轿车……然后是一辆警卫护送的贵宾车。哦！我想起来了：此时刚过午夜，这支车队应是护送完成回归交接大典的澳门总督及家人前往机场，直接飞返葡国。于是，我和那位年轻警员一起，看着这一大串警方车队呼啸而过，只是当时并没有意识到，此时此刻，自己刚刚见证了一个时代的落幕，以及另一个时代的开启……

刚回归之后的澳门，其实变化不大——经济仍旧没什么起色，工作也一样不太好找，1997 年亚洲金融危机余波仍在，踏入 2000 年，又是香港“科网”热潮爆破，之后是美国“9・11”恐袭，然后“沙士”[①]疫

①沙士：SARS，粤语译作“沙士”。

陈显耀 摄

症又突然爆发……世界看起来似乎正变得越来越糟，但一隅偏安的澳门小城，居于其中，倒也有一番隔世自得的安静与乐趣——澳门经济已沉寂多年，即便一连串金融危机当前，亦未造成太大的冲击影响；“沙士”在人口密集的香港风声鹤唳，一海之隔的澳门却奇迹般未受影响。而且，也正是因为经济不好，所以澳门生活廉宜，买楼置业也轻松，游客数量不多，处处都是安静悠闲的好时光，食物更是味美兼价廉……如今回想起来，那段时间大概是自己人生中最平静、最快乐的日子——上班之余，周末经常和女友一起去凼仔行山遛狗吃东西喝咖啡，今天不停挂在嘴边的“旅游休闲中心”，其实当年的澳门早就达标了。

令澳门真正改变的历史时刻，大约是 2003 年左右——金沙酒店的开幕，标志着澳门博彩业开放的新局面，加上“沙士”后内地推出“自由行”政策，澳门开始迎来潮水般的内地游客，赌税收入不断冲破纪录，商店、餐厅、酒店、药房、金铺……各行各业的生意也节节上升，社会急遽转变，同时也带来许多新问题、新挑战，更加启发了每个人的新感触、新思考。我也正是在这段期间，开始了密集的个人创作——从小说到剧本，从时事专栏到艺文评论，面对身边这座处于转型之中的城市，我透过手中这支笔，去观察，去思考，并尝试去表达。这迅速变化的城市就像一节呼啸飞奔的快车，面对不断涌现的各种议题，很多还来不及消化，便又被带着匆匆向前跑，故此，如何梳理和思考当下社会，就更加显得重要和可贵。后来，2008 年、2009 年席卷全球的“金融海啸”，令这辆高速列车略为减速，而与此同时，经过回归十年的积累，澳门的新世代人才亦渐次出现，在文学写作、视觉艺术、戏剧演艺、文化创意等领域，亦开始出现越来越多的新气象。

我最早是被这座城市的浓厚“历史感”深深吸引：澳门城市的面貌、肌理相对完整，数百年来的历史留痕随处可见，每一条街巷、每一栋建筑，甚至一块石头、一棵老树背后，都隐藏着无数动听的故事。我从躺在莲峰庙旁的“阿婆石”里，找到了“沈米刺督”这段历史，写成了小说《刺客》；我从大三巴炮台顶的古旧青铜大炮里，找到了“荷兰攻澳”这段历史，写成了小说《迷魂》。后来，我再将创作方向转向儿童剧，由妈阁庙前的一对石狮子的传说故事，我写出了儿童剧《石狮子》，在

陈显耀 摄

莲峰庙的香火里，我构思了儿童剧《许愿灵猴》。近年我开始创作儿童小故事，《东望洋山上的恶龙》《龙家三兄弟》《妈阁山上的妖怪》《受罚的土地公公》等一系列从“澳门”出发的本土题材创作，亦渗透了自己对这片土地的深切热爱与奇思妙想。我想，作为一名文化创作人，我们最应该去做的，或许不是急于评价判断，而是尽自己的最大努力，忠实记录这个时代以及身处这时代里的自己的感受和思考。

弹指一挥间，二十年已过去。此时此刻，展望未来，面对“区域融合”的大势所趋，今日澳门又站在一个新的十字路口：接下来的十年甚至二十年，将是这座城市的一个全新、关键的“转型期”。面对新形势，一连串意义重大、影响长远的议题，等待澳门人去思考、解决：区内交通布局重整，如何管理、疏通与配套？区内人口流动，如何招揽有创造力和生产力的精英人才？区内文化交流、合作与发展，大家如何互相包容尊重，取长补短？网络智能城市大浪卷来，如何从网络基建到大数据数据库再到民生应用？……身处这分秒必争的关键节点，如何回答好这一份新时代给予澳门人的新考卷，或许，将决定我们下一个二十年会看见怎样一幅岁月峥嵘的历史画面。

李尔，本名邓晓炯，曾获澳门文学奖、澳门中篇小说奖，有小说集《浮城》《刺客》《迷魂》及评论集《有感尔发》（其中《刺客》《迷魂》等小说被翻译成英、葡文出版），儿童剧《魔法宝石》《反斗西游记》，民间传说系列《石狮子》《许愿灵猴》等。

永远在萌芽时期的种子

安　好

今年生日，我收到一个小盆栽，这是继小学种绿豆之后，第一次养植物。我没有经验，虽然小心翼翼，仍怕它可能要受罪，结果它没有死掉，渐渐萌了芽，不过，它没有开枝散叶，只有萌芽。

萌芽是很有趣的，它一点一点露出头角，让人满怀希望与期待。我努力灌溉，甚至浇上营养液，但它还是没有长壮，只是不断萌芽。无论我换了多少款营养液，带它去晒太阳，它还是这个样子。我没有彻底放弃，却渐渐不再热切，只习惯性地淋淋水，任由它自生自灭。它很坚强，即使有幼芽干枯，仍在另一头长出新芽，周而复始，没有停过。所以说，它还是活着的，而且一直维持在最青春的萌芽时期。

很难定义这是不是一件好事。青春不老似乎是很多人的愿望，把这个愿望寄托在一个小盆栽上，也很不错。但它永远无法成熟，不会有枝干或粗茎支撑起什么，也不会有漂亮成熟的花朵，无法传宗接代。

盆栽底下垫着一张旧报纸。浇水时总会瞄一眼那张看惯了的报纸，那些让很多人不快的新闻报道，令人暗暗觉得澳门这个城市很不走心，只是偏又幸运得令人羡慕不已。她不积极、不聪明，却有大把人和钞票供养她，让她总是光鲜富足，一副欣欣向荣的样子——只有个大概的样子而已，没有真的结出什么花什么果，跟我眼前这个小盆栽竟有点相像。

她并不是一开始就长出芽的，先有一段沉寂。90年代初，我刚出生，印象中这里有一点淡淡的，不能说荒凉，因为不是干枯死亡的气息，而是像片尚未开垦的土地，什么东西都还没种上，所以淡淡的。

陈显耀 摄

我住在雅廉访区的唐楼小单位，每天都会躺在阳台的摇篮里看风景。这儿有一座有名的粉红色别墅，是我襁褓回忆中最有颜色的建筑物，但那粉红色也是淡淡的，绝不抢眼。周围的住宅大厦，则是深深浅浅的灰色，或者棕色，像湿了水的报纸，也像积了云的天空，浅绿色的叶子茂密却仍透着光，耀眼的光亮使我差点看不到绿色，粉红色别墅也骤然像一片彤云，似有还无。放眼望去，分不清天空与建筑物的分界，明明是一个被称为城市的地方，却有原生态的淡泊可爱，我的世界由这片景象开始建立。

后来要到托儿所的时候，我也就认识到麦当劳、马里奥、圣安娜等色彩缤纷的店铺。有段日子，我很怕路过这一街的色彩，因为妈妈会不停地指着招牌问："这是什么颜色？"后来，我全都光顾过一遍之后，便不再怕了。塞给我一个香肠包，或者一块薯饼，我会热情高涨地回答所有问题。

这些色彩缤纷的商店很漂亮，又不刺眼，像粉红色别墅一样，不过是淡然中的一抹点缀。这些点点的色彩，是不是预告了澳门这块本来淡淡的、尚未开垦的土地，即将埋下颗颗种子呢？

90 年代末，这片土地淡淡泛起了涟漪，大家都在筹备着要庆贺什么东西，或者是期待什么来临。那时的我已经认字，但还没有看懂新闻，所以也不知道大人们在为什么而高兴。但那一年之后，生活好像起了一点变化。比方说，爸爸开始带我到新八佰伴游玩，还给我买影碟和玩具。那时新八佰伴还在水塘旁边，是我心目中最大的商场，什么都有得卖，还有一个熊猫乐园，里头有一个旋转木马，播着音乐，闪着亮光，盛载着孩子们的笑声，回荡在商场之中。我喜欢这个商场，喜欢它宽阔的走廊，喜欢沿路叔叔阿姨们的笑脸，喜欢爸爸每个周末都有时间带我和弟弟去玩。那时的新八佰伴绝对不是没有人气，而是很受欢迎的，只是不会人山人海、摩肩接踵。这种有人气，是很舒服的。

再后来，爸爸不再带我和弟弟出门了，我的小学毕业旅行被取消了，澳门出现了很多以前罕见的东西：口罩、公筷、消毒洗手液。非典型性肺炎的来临，迫使本来不分你我的澳门人注重起个人卫生，路上一天比一天安静，连高士德、麦当劳也冷清下来。不知道我心爱的新八佰伴变得如何，只知道爸爸留在家里的时间越来越多，但他和街道上的行人一样安静，垂着眼角和嘴角，没有像以前一样，大笑着教我和弟弟折纸船。

爸爸妈妈什么都不告诉我，但是我从同学口中知道，爸爸工作的酒楼倒闭了。每天放学回家，电视播放的新闻都是一群白色的人进出医院，天天报告死亡数字——但那是周边地区，澳门没有那么可怕。

过了这一役，澳门有点绝处逢生似的，难道之前经历的静默，是种子破壳的征兆吗？澳门突然从以前的“澳门街”一跃成为国际都会。因为五光十色的娱乐场逐一落成，因为澳门得到了“世界文化遗产”的头衔，儿时回忆中淡淡的澳门顿时闪出陌生的彩光，耀眼夺目。我还在我的雅廉访住，没有去娱乐场，我的爸爸妈妈也没有，但不少同学的父母都去了，要么去耍乐，要么去工作。那些同学们每个学期都换新的名牌书包来上课，球鞋印上了蓝勾勾或者绿色的三叶草，我连续几年都还在用义字街买的黑色背包和白色球鞋。心里有一点不愉快，但看着妈妈突然佝偻的背，我不敢说话。爸爸不在家里呆坐了，但也不在澳门。因为不会外语和计算机，我爸挤不进娱乐场里的酒楼，只能北上工作，用怪腔怪调的普通话闯荡他不熟悉的工厂生产线。

爸爸不在澳门，妈妈早出晚归，我和弟弟的课业也忙起来，家里很静很静，但街上越来越热闹。周末的晚上，我走到阳台，襁褓时期的摇篮早就送给别人了，摆了两张酸枝木椅。我坐在一角盯着街外看。马路上闪着满满的白色车头灯，还有红色的尾灯，偶然响起车喇叭的声音。昏黄的街灯已经看不清楚，都被街上的灯光招牌抢了风头，繁华闪亮的大街与漆黑无星的天空形成强烈对比，整座澳门变得立体起来，不再淡淡地融在背景之中。

这样的夜景看久了，免不了怀疑，回忆中的淡，是真的淡，抑或被时光冲淡的？这片斑斓有点不真实，但又捉摸得到。什么是真，什么是假，这个问题对于十七岁的我，似乎深奥了一些。我没有细想，又躲回房里。这时的澳门，才算是真正发了芽。她成了名，赚了钱，吸引了世界的目光，闪耀出自己的光芒。没有人再问澳门在哪里，澳门有没有电视台，澳门有没有坐厕……那些人都得来澳门吃喝玩乐，来澳门见识宫殿般的堂皇华贵。

陈显耀 摄

直至读大学，我才踏出象牙塔，开始找兼职，也开始留意社会时事。原来当家教替孩子补习已经有五千元以上的月薪，原来有那么多学术专著、专家学者分析过澳门发展历程，我看了一些，却记不住那些苦闷的数据。但我终于知道，回忆中飘过的与眼睛所见的，都不是假的，是真实的，像现在捧在手中的盆栽那么真实。

我拿起剪刀，把盆栽里枯黄的苗芽剪掉，密密麻麻的苗芽顿时疏落，但去芜存菁之后看起来就整齐多、顺眼多了。本来我是舍不得的，觉得这都是好不容易才长出来的，把那些黄芽拔掉，就等于宣判死亡了。但是，如果活不下去的话，强行留在这个满满的小花盆里，又有何用呢？即便是一个盆栽，还是不宜太挤拥，大家都在推撞抢地方，多累啊！我狠心地一根一根剪掉，让出生路给青嫩的新芽。

澳门也是这样，因为太拥挤，不知不觉淘汰了很多固有的东西。比方说以前随便在街上放两张桌子或是一辆推车就能做生意，现在要把路让出来；以前很多只卖零食汽水的小士多[①]，现在都撤掉，变成包罗万有的大型连锁超市。再比方说，我心爱的新八佰伴已经不在水塘旁边了，搬到南湾那里，许是近水为财，搬了仍然热闹，不，比以前更热闹。落成之后，我去过几次，人山人海，几乎没有空间走路，琳琅满目的化妆品香气里夹杂着源源不尽的钞票的味道。我找遍了整个商场，都找不到熊猫乐园和旋转木马。算了吧，我已长得高大，再也骑不上那匹微笑的

①士多：Store的粤语直译，指杂货店、商店、店铺。

白马，就让它没了吧，这是繁华的代价。

成年后的时间过得飞快，转眼已大学毕业。2014年初，经济持续向好，我的毕业证书还未到手，就先拿到金光大道某娱乐场的聘书。看到女儿已经投身劳动人口大军，我爸终于回来澳门，做一份零碎的小工，过着半退休的生活。我通过试用期的时候，上司说做满一年就要把我这个小助理升为主任。这句话，随着澳门赌收连续下跌二十六个月而石沉大海，直至我在2016年中递出辞呈，都还没有实现，甚至只字不提。我没有失望，在娱乐场里工作是颓然的。接待客人的正门光鲜亮丽，员工进出的入口则是一个洞穴，灰蒙蒙的，不见天日。同样是灰色，这里的灰色不是尚未开发，而是准备凋落。每天拎着早餐和手提包钻进洞穴的人们，像把粮食进贡给蚁后的蚁民，我疲倦得想抬起头呼出一口浊气，却只看到整个天花板都挂满打气的字句和公司的期许。我不怀念地告别了这个金光闪闪背后的灰色洞穴。

赌收终于停止下跌，稳定地维持在一个水平线上，不复当年之勇。有人说，这样的稳定才是正常的，之前的暴涨是不合理的。有人说，澳门的博彩业走到尾声了，该发展别的行业。我不是经济学家，也不是社会学家，实在不知道谁说的才对。但大家的目光转了方向，都去关注一年办了多少场会议与展览，或是开了多少文创小店。我不明白，萌出更多的新芽，是否能够证明这就是一片肥沃的土地？抑或能够说明这盆栽充满生命力？如果最终还是长不出干与茎、花与果，这些数不尽的苗芽又有什么用呢？

妈妈常说，我在90年代出生，是最幸福的一群，有免费教育，有各种津贴，学历唾手可得。身在“福”中的我，不太认同。从前小学生只得参加暑期活动充实课余，多无聊的班都叫人趋之若鹜。到我长大了，负责办活动的时候，不论长假短假都有数之不尽的社团举办兴趣班和游学交流团，我办的活动却乏人问津；从前十六岁可以考电单车驾照，待我十六岁时，又改到十八岁；从前十八岁可以进入娱乐场，但我十九岁那年，入场法定年龄又改到二十一岁；从前进了娱乐场工作，钱途无可限量，大学生如天之骄子，一年一升不是梦，但在我毕业的时候，赌收开始下滑，大学生遍地皆是；从前工作三至五年便有足够的储蓄，加上银行的贷款便足以支付一个小单位的首期，慢慢供，即将工作第五年的我，连贷款的资格都没有，又谈什么首期呢？这一切到底是福，抑或伏？同一品种的盆栽，在别人手上就是种得花团锦簇，在我手上就是只懂发芽。有时候，我会希望澳门从来没有开发，还是那片淡淡的样子；有时候，我又希望她成长得快些，盛放出鲜艳夺目的花朵吐气扬眉。我希望又能如何呢？我没有放弃，继续浇上我的岁月与劳力，她还是像我那小小的盆栽一样，不断发芽，发了又枯，枯了又发，一副让人满怀希望与期待的样子——只是一个样子。

安好，澳门九零后。喜欢用文学逃避生活，喜欢用辩论重归现实，借此在维持坚强的理性和软弱的感性中取得平衡。

潮平海宽　风轻云淡

——澳门回归祖国二十周年感受

亦　闻

初夏的澳门，潮平海阔，风轻云淡。

站在西望洋山最高处俯瞰，西湾湖宁静而美丽，碧波荡漾，幽蓝剔透，湖面倒映着蓝天白云，四周环绕着绿树黄墙。节假日的南湾湖边，游人如织，笑意写在脸上，荡漾着青春的气息。

那是一个新的时刻，镌刻在历史的长卷中。1999 年 12 月 20 日零时，澳门东亚体育馆，伴随着庄严的中华人民共和国国歌声，五星红旗和白莲花区旗冉冉升起，经历百年岁月沧桑的澳门游子，在亿万中华儿女饱含热泪的注视下，终于回到了祖国母亲的怀抱。回归二十年来，澳门人始终演奏爱国、爱澳、奋发、奋进的主旋律，与濠江两岸飘扬的红旗、区旗一起，述说镶嵌在南中国海边这颗明珠的故事。

光耀濠江。二十年间，澳门写下的，依旧是缤纷绚丽的文章，这样的诗句，由 65 万澳门同胞和 13 亿中国人民一起书写。海风吹拂的这片热土，在传承中成长，在蜕变中新生。二十年间，澳门就像是一只飞蝶，透过无数次的蜕变，终能破茧成蝶，挥舞双翅，自由地飞翔在天地间。二十年间，澳门经济发展、民生改善、社会和谐、硕果累累、举世瞩目，绘就出一张张幸福画卷。

澳门人均寿命达到 84 岁，与日本并列亚洲第一；从幼儿园到高中实施义务教育，为亚洲最早实施地区；老人享有基本养老保险和基本医疗保险；从 2008 年起，连续 11 年派发现金（现金分享计划），2018 年向永久性澳门居民派发 9000 澳门元，非永久性澳门居民派发 5400 澳

陈显耀 摄

门元；多年来失业率保持1.9%，为世界最低水平；人均GDP收入48万澳门元，为亚洲第一，世界前三；财政储备5100亿澳门元，为回归前的50倍。

从以上一串串亮丽的数据中，人们由衷地感叹，而今的濠江，“萧瑟秋风今又是，换了人间”。澳门人现在也能享有西方发达国家的高福利社会制度，幸福指数很高。这是多么巨大的变化啊！今天的澳门正进入一个崭新的时代，融入国家经济发展大局中。融入吧，就像是一粒灰尘一样，冉冉升起又悄然落下，覆盖在祖国的土地上；只要山在呼唤，水在荡漾，就像是一滴水一样，飞溅起白色的浪花，投入奔涌的黄河、长江；听那奋进的号角，感受时代跳动的脉搏，与祖国母亲一起跳动。啊！澳门，你满怀激情从以博彩业为命脉的经济体走来，向着经济适度多元发展方向加力前进，向着世界旅游休闲中心进发。

回归二十年，发生在我身边的人与事有许多许多，感受的话说也说不尽。可百闻不如一见。1988年至1989年间，我外派南光公司任职纺织品贸易部，有机会接触澳门社会，认识澳门。任期届满，我奉调回广州，但与澳门的朋友一直保持联系。2009年后，儿子定居澳门，我也经常往返于澳门与广州，与澳门结下不解之缘。我澳门的朋友，有在博企的，抑或做文员，当老师的；有在政府任职，抑或公司老板，爬格子的“准作家”。跟他们接触与交流，我感知的澳门虽小，却很美很美；我感知的澳门人，包容、友善、淳朴、务实。只要有工开、有粮出；只要孩子有书读、老人有所养；只要治安好，社会能和谐，就很知足了。他们在平凡岗位上努力工作是为了更美好的生活，不是吗?

下面，我给朋友们讲述最感人的两件事：第一件事，发生在十年前的2008年。也许你忘记了很多很多的事情，但有一件事是刻骨铭心的，那就是2008年5月12日14点28分，四川汶川大地震。这场八级地震使原本秀美的山川河流瞬间化为废墟，让无数家庭顿失亲人。地震强大的破坏力震惊了世界，令13亿中华儿女心紧紧连在一起。我认识一位澳门街坊，姓林，就管她叫林婶吧。她是普通澳门人中的一员，如今已退休。听说汶川地震发生后，当地缺水、少药，急需支援。她二话没说就跑去银行，取出1600澳门元，赶至街总捐赠点。工作人员见状说："大婶，您捐100元就行了。""不，不，灾区人民更困难，更需要钱，我要捐1600元。"多么朴素的话。望着她远去的背影，现场的工作人员非常感动。"一滴水可见太阳。"小小澳门，60万人口，个个像林婶，共捐助汶川灾区善款达60亿澳门元，平均每人10000元，彰显了澳门同胞与四川汶川灾民的血脉之情。

第二件事，讲澳门最可爱的人，发生在去年"8·23"天鸽台风期间，澳门因受台风正面袭击，蒙受了重大人员伤亡和财产损失。应澳门特区政府请求，中央军委命令，驻澳解放军部队指战员协助救灾。接到命令后，驻澳解放军官兵一千余人，在司令员的率领下，分乘军车迅速赶至澳门十一个区域。他们不畏艰险，冲锋在前，面对堆积成山的

陈显耀 摄

垃圾，面对散发的阵阵恶臭，发扬了“一不怕苦，二不怕死”的精神，有用铁铲不停地铲垃圾的，有装垃圾的，有扛起垃圾袋飞快奔走的，有用扫帚清扫垃圾的。时间在一分一秒流逝，雨在不停地下着，战士们的军服被淋湿了，军鞋被泥水浸泡，手上起了水泡，脚底磨破了皮。可是，谁也不肯轻伤下火线，直到街道清扫完毕，恢复了往常的模样，打了一场漂亮的“垃圾歼灭战”。我的朋友们，不知你有何感想？这样的战士难道不可爱吗，这样的战士难道不值得自豪吗？好样的，我感到，他们是和平年代澳门最可爱的人！

路凼。原本一湾浅浅的海滩。三十年前，我曾来过这儿，那时的路凼很荒凉，杂草丛生，不见人影，我和几个同事中午还专门在此野炊，享受大自然的恩赐哩。我要告诉朋友们，从 2002 年澳门赌权开放后，这里成了国际资本投资的一片热土。昔日光秃秃的地上，今天盖起了黑压压的酒店群，各种式样的、高低错落的建筑鳞次栉比，非常壮观，豪华奢侈。从巴黎人酒店、威尼斯人度假村、银河酒店，到新濠酒店、新濠影汇、金沙城中心和上葡京，世界前二十名的著名酒店均在此聚集，在公平竞争中“决一高低”。

夜幕下的金光大道，各种各样的霓虹灯、聚光灯、投射灯，灯灯耀眼，道道夺目。在光的照射下，似乎每一栋大厦都招摇过市，每一幅广告都搔首弄姿。在这仅四平方公里的大地上，似乎白天不算工作，黑夜才是开始。因此，澳门也被称之为“不夜城”。世界在这里转换，文明在这里荟萃。

谈及澳门，一个绕不开的话题，就是博彩业。的确，澳门博彩业“一赌独大”，年收益 3000 亿澳门元，贡献澳门的税收占比达 80%，龙头老大地位无人可比。我感到，对博彩业要坚持“两分法”，既要实事求是，客观面对；也要居安思危，转变观念。在取得辉煌成绩的同时，也要记住那连续二十六个月负增长的镜头，仿佛就在昨天，需要政府和博企认真反思和应对。调结构，加大非博彩元素投入；抓转型，侧重会展会议；转观念，致力博彩业向旅游休闲中心转变。啊，为了更加美好的澳门明天，政府和博企要拿出壮士断腕的勇气。

从近年的实践来看，非博彩元素效果显现，我要告诉朋友们，2017年，澳门会展面积达20万平方米，接待会展项目共1460个，与会人数逾50万人次；举办大型会议76个，参会人数逾80万人次。巴黎人酒店、永利皇宫、新濠影汇几大博彩项目，从摩天轮、埃菲尔铁塔、3D电影、歌剧、绘画、艺术，到休闲、度假、健康、美容、体育、饮食、购物等元素应有尽有，颇有创新，给人眼前一亮。去年，澳门非博彩收益占整个博企总收入的23%。我想，倘若鼓足干劲，再接再厉，非博彩元素达到30%的目标不就愈来愈近了吗？未来澳门将成世界文化中心、购物中心、美食中心、旅游休闲中心，实现从“博彩”走向“多彩”的华丽转身。

二十年，在人类历史上只是短暂的一瞬。对澳门来说，却是开启了一个新的时代。回首过去，我要为澳门回归二十周年所取得的辉煌成就而欢呼歌唱！展望未来，我更要为澳门早日建成“一中心”和“一平台”而加油、助威！今天，澳门正昂首阔步进入新时代。机遇和挑战同在，我相信，勤劳、勇敢、智慧的澳门人一定能抓住机遇，用自己的双手续写更加美好的澳门篇章。我衷心祝愿澳门的明天更美好！

亦闻，本名赵长网，生于上海，广州外国语学院英文系毕业，高级经济师。长期从事外贸经营与管理，爱好文学和阅读。

江主席与澳门人齐欢唱

殷立民

在澳门过日子太舒服，无忧无虑，习惯了慢生活，不知不觉地时光流失，一晃眼间澳门回归已经接近二十年了。澳门回归祖国是历史大事件，回归纪念日理所当然成了澳门的节日、公众假期。每当 12 月 20 日前后几天，澳门必定有各种庆典纪念活动。二十年大庆已经接近，澳门社会各界肯定都在积极筹划准备了。

我退休前在澳门文化局工作，所以曾经有机会参与筹备回归纪念庆典活动。第一次是澳门回归祖国一周年庆典活动，时间是 2000 年 12 月 20 日上午 10 点，地点是澳门文化中心综合剧院。当时的国家领导人江泽民主席莅临澳门，参加回归纪念庆典活动。

为了使庆典活动达到最高标准，文化局的同事们提前作好各项准备工作，组织节目、设计程序、进行现场排练，除了节目排练，还有这一天的各项仪式也要进行模拟排练，包括国家主席进场、就坐、登台演讲等等。我参加了各项准备工作。

庆典活动正式进行时我的工作岗位在舞台的侧面，时刻关注舞台上的各种情况，包括音响和灯光等等，随身带着对讲机，对可能发生的各种情况随时进行协调。江主席上台演讲时，我是全场最靠近江主席的人，距离大约十步左右。

那天演出的最后一个节目是王健大提琴独奏，陈燮阳指挥上海交响乐团协奏。一曲奏完，江主席提议王健再奏一曲，王健加演了一曲《二泉映月》。演奏完毕，江主席走上舞台热情地与王健握手致谢，回过身

陈显耀 摄

来看到了指挥陈燮阳先生，江主席与陈燮阳握手，同时对观众说：“他是我的音乐老师、指挥老师。”陈燮阳有点受宠若惊，不知说什么才好，似乎有点尴尬。江主席与陈燮阳本来就相熟，此处也显示出江主席对音乐人的尊重。

江主席说自己喜欢唱歌，并且叙说了有一次他在葡萄牙唱歌的经历，当时江主席面对众多葡萄牙朋友说：“我唱一首中国的抒情歌曲《教我如何不想她》吧，我喜欢这首歌曲，因为这首歌曲与我同龄。”可是江主席有一点担心，怕忘歌词，后来江主席想了一想，即使唱错也不要紧，不会有人听得出来，江主席振作精神在葡萄牙成功地演唱了这首《教我如何不想她》。这是一首30年代流行的抒情歌曲，歌词是刘半农1920年在伦敦创作的，1926年赵元任为该抒情诗谱曲发表，在当时的文化人士中流传很广。既然江主席说这首歌与他同龄，我们就推算出，当时站在文化中心舞台上的江主席已经七十多岁了。我们都很钦佩，江主席如此高龄还能如此活跃、热情随和地与澳门老百姓同欢共乐。

讲完在葡萄牙唱《教我如何不想她》的故事后，江主席建议大家一起唱歌，当时台上台下就有人建议唱《歌唱祖国》，江主席说："我们先唱一首抒情一点的歌曲吧，大家一起来唱《洪湖水浪打浪》好不好？"随后江主席向台下的观众发出邀请："会唱的朋友都上台来一起唱吧！"可惜澳门人一向比较内向腼腆，我记得只有两位勇敢地走上舞台，一位是梁安琪女士，另一位是莫华伦先生。江主席再一次发出邀请："那么就请北京来的同志都上来吧！"钱其琛等国家领导人，还有解放军驻澳门部队的代表都上了舞台和大家一起唱歌。我当时深受感动，这些都是中国的最高层，他们到了澳门竟然如此亲民，完全没有首长的架子，澳门人真幸福。唱完了《洪湖水浪打浪》，江主席再次同全场一起高唱了《歌唱祖国》，由于江主席的亲民随和，庆典在欢乐祥和的气氛中，在热情高亢的歌声中圆满收场。

有些媒体报道说这天庆典上江主席共唱了三首歌，我是现场的见证

陈显耀 摄

者，江主席只是叙说了他在葡萄牙演唱《教我如何不想她》的经历，没有演唱这首歌曲。江主席和澳门同胞一起唱了《洪湖水浪打浪》和《歌唱祖国》。

澳门回归祖国后经济发展迅速，城市面貌日新月异，老百姓的生活有保障，期待习主席光临澳门回归二十周年庆典，请习主席带领我们澳门同胞畅想澳门与祖国的共同繁荣。

殷立民，1933 年上海出生，曾任职于上海外国语学院、上海新中中学等，1983 年至 1990 年任职于澳门电视台，1990 年至 2014 年任职于澳门文化局。

从澳门赌场配套看城市品位提升

清水河

在澳门回归前，因为澳葡当局管治无方，以及受亚洲金融风暴影响，主导澳门经济命脉的博彩业急遽收缩，赌厅出现僧多粥少的情况，从而使赌场各利益集团由暗斗演变成明斗，最后展开血腥厮杀。当年，澳门江湖人物横尸街头恐怖情景屡见不鲜，令澳门市民莫不提心吊胆。由于澳门治安不靖、经济萧条等种种原因，澳门市民莫不盼望澳门早日回归祖国。澳门人期望澳门回归祖国怀抱后，依靠祖国的坚强后盾，可扭转当时管治失控、治安不稳、经济低迷的局面。

1999 年 12 月 20 日回归日，当我看到解放军进入澳门的那一刻，澳门出现万人空巷，市民涌上街头迎接士兵的热闹情景，深深感受到澳门人对澳门回归祖国的喜悦之情。

回归后，澳门这个弹丸之地，开始进入世人的视野。而新成立的澳门特区政府敏锐地看到，近几十年，澳门由于博彩业独家专营，没有竞争，难以促进博彩业以致城市服务质量的提升，间接影响旅游业的健康发展，令不少曾来澳门的游客对澳门有负面看法。为改变这一现状，澳门特区政府在澳门回归不久、百业待兴的情况下，高瞻远瞩，毅然决定开放赌权，引入投资者参与博彩市场竞争。澳门特区政府希望开放赌权，可以打破博彩业垄断局面，让各博彩业经营者在公平竞争环境下，提供多元化经营和服务，让澳门逐渐摆脱以赌为主的经济结构，建立全新多元化经济模式，借以提高澳门

陈显耀 摄

城市品味和国际地位。当年，有不少澳门市民，尤其是博彩业从业人员，担心澳门特区政府开放赌权操之过急，会有反效果。但事实证明，当年澳门特区政府抱着破釜沉舟的决心，当机立断，把握澳门回归祖国最佳时机，迅速打破几十年的博彩独家垄断局面，大书市场开放的新篇章，为日后澳门经济腾飞打下良好基础。

澳门打破博彩市场独家专营，引入有实力的投资者，使博彩业出现千帆并举、百舸争流的良性竞争局面。澳门在博彩业热潮带动下，一下子成了国际投资的热土，再加上中国政府进一步开放自由行政策，使澳门一下子成为中华地区旅游的热点。澳门经济在回归后的短短几年间，已重拾正轨，出现令人瞩目的高增长。然而，由于外来投资不断涌入，博彩业过度炽热，使博彩业独大的情况更加严重。这种失衡情况，有违澳门特区政府开放赌权的初衷。当美国金融海啸和中国宏观调控出现后，经济增长下跌较快，博彩业独大的后遗症开始显现。令人可喜的是，澳门政府清楚看到澳门经济过分依赖博彩业的畸形现象，着力实施先破博彩专营后建立多元化发展的规划，旗帜鲜明地把澳门定位为“世界旅游休闲中心”，并在政策上、资源配置上为澳门尽快过渡到休闲旅游城市护航。今天，可从澳门赌场配套设施的改变，看到城市品位的提升。

在 1998 年，我曾在葡京赌场附近看见令人心酸的一幕：一位刚从葡京赌场出来的赌徒，走入赌场附近的典当铺，左顾右望，然后从手中脱下手表，有点不甘心地将手表递给典当铺职员，换取一些

陈显耀 摄

港币，又匆忙返回赌场“搏杀”。那时，澳门所有赌场附近都有不少典当铺。夸张一点地说，赌场附近可用“当铺林立”来形容。当年，典当铺的霓虹灯光和霓虹灯下憔悴的赌徒，成了澳门与众不同的风景。

鲁迅在《呐喊》自序中有一段有关当铺的回忆文字，给我留下深刻印象：“我有四年多，曾经常常，几乎是每天，出入于质铺（注：典当铺）和药店里，年纪可是忘却了，总之是药店的柜台正和我一样高，质铺的是比我高一倍，我从一倍高的柜台外送上衣服或首饰去，在侮蔑里接了钱，再到一样高的柜台上给我久病的父亲去买药。回家之后，又须忙别的事了……”或许受鲁迅的所言影响，或许是亲眼所见，我对典当铺并无好感。在我看来，这些为赌场配套的典当铺，和赌场一样相生相利，继续盘剥已输得囊空如洗的赌徒，做法并不光鲜。虽然，当时赌场附近亦有一些名表店或服装店，但这些店铺往来者寥寥无几，如同摆设，难与生意兴隆的当铺相比。

在赌权开放后，六大博彩经营者投入巨资，建成美轮美奂的赌场。与此同时，他们亦不惜用巨资完善赌场附近的多元化配套设施。今天，昔日典当铺难再风光，已经默默退守一角。而赌场配套已华丽转身，变成令人目瞪口呆的集美食、购物于一身的娱乐城。今天，赌场附近有一间间装修豪华的奢侈店，有一间间提供世界顶级美食的酒楼，有一间间让人欣赏世界娱乐巨星表演的演艺馆。今天，我在赌场附近娱乐城内，很少看到左顾右盼、输得囊空如洗，急需典押身上物品的赌客。今天，我在赌场附近的娱乐城内，看到的是一些脸带笑容、在奢侈店购物的游客。今天，我在赌场附近的娱乐城内，看到的是一些坐在世界级的酒楼内大快朵颐、谈笑风生的游客。今天，我在赌场附近的娱乐城内，看到一些静静坐在演艺馆内，欣赏诸如香港张学友、美国麦当娜等巨星演出的合家游客。今天，我在赌场附近的娱乐城内，看到的是坐上香蕉型小艇，在娱乐城内小河上浮游的一对对小情侣。

如果说回归前澳门赌业的单一经营令城市品位较为低下，那么，今天的澳门城市品位已有质的提升。今天的澳门，谨守着把澳门建成“世界旅游休闲中心”的宗旨，厚植美食文化、娱乐文化和传统文化，大力推行多元化经营。今天的澳门，赌场配套设施相当齐全，能满足各类游客的需求。

过去，因澳门只有博彩、色情娱乐，来澳门旅游的游客，往往被人贴上“烂赌”和“烂嫖”的标签。为了避嫌，不少人不敢来澳门，亦不喜欢来澳门。今天的澳门，因城市品位的提升，娱乐节目百花齐放，来澳的游客可以扶老携幼，或联群结队前来。他们不再害怕瓜田李下，可以大声说是来澳门享受一下，娱乐一下。今天的澳门，因城市品位的提升，已不仅仅是游客的发梦场所，而且是一家老少娱乐的必选之地。今天的澳门，经过回归后近二十年的努力，在重塑城市形象方面有了质的飞跃，已摆脱了过去“独赌”的灰色形象，有了“世界休闲旅游城市”雏型。诚然，在城市品位提升中，在坚持旅游多元化，有效利用澳门与不同文化资源的过程中，还有许多应改善之处；但从赌场的配套，大家可以看到澳门人的努力，可以看到澳门的进步，可以看到澳门城市品位的提升。

今天，正值澳门回归二十周年来临之际，我殷切期望，在澳门回归的第三个十年，澳门在旧城改造、城市智能添加等方面更进一步，使澳门早日成为“世界旅游休闲中心”。

清水河，本名罗卫强。专栏作者。曾获 2005 年度全球第十八届文学青年作文大赛佳作奖，第七届澳门文学奖散文组季军及小说组优秀奖，第八届、第十一届澳门文学奖散文组优秀奖等。

澳门回归祖国二十周年的变化

公 荣

澳门回归很快便二十年了，回归日当晚的过程还历历在目。当年12月19日的晚上，我从住处步行至议事亭前地，那里有一个舞台和一个几十英尺大的银幕，用作直播回归场馆政权移交仪式。能够亲到场馆参加盛会的，除了两国领袖外，其他都是社会贤达，在议事亭前地则全是普通市民。他们从四面八方来到这里，广场显得十分拥挤。本来可以在家里看电视直播，但我不想留在家里，想走到街上看看同胞们迎接政权回归的盛况，因为两个小时之后，澳门便会回到祖国母亲的怀抱。人同此心，相信其他人也会像我一样。当倒数到最后一刻的时候，全场欢声雷动，“祖国万岁！祖国万岁！”响彻夜空，那些栖居在附近大厦窗台的白鸽也受惊飞起，同一时间，不知谁在高处抛下许多长长的彩带。站在我身旁的那个染了金发的少女，刚才还以为她只是来凑热闹的新潮女郎，想不到在这一刻，她竟不断跃起高呼“祖国万岁”，这份情感令人动容。

澳门大多数市民渴望政权回归，除了民族情感外，还有就是社会现实，因为接近回归的两年时间内，澳门治安败坏到无以复加的地步，黑帮横行，杀人放火和绑架几乎无日无之。回归，是社会恢复正常的唯一希望，“祖国万岁”的欢呼声中，我觉得也隐含着这种期盼。

有人说时间是勤奋人的朋友，因为它可以让人创造辉煌。二十年，在时间跨度上不算太长，但已足够让澳门由一个相对落后的小城，发展成为世界博彩业的龙头大哥，只是发展并不是一帆风顺的，而是一步一

陈显耀 摄

脚印地走出来的。作为澳门人，只要懂得比较，便会深深体会变化的根源，四百多年来生活在这里的中国人，因政权和治权的丧失，聪明才智长期被压抑。政权回归，身份重新定位，这才有机会尽显才华。“澳人治澳”这个响亮的口号并不空洞，而是由基本法赋予实质的内容；可以有自己的货币，可以选择发展的路向，还可以自行立法实行有效的社会管理。

2009 年 11 月，担任了两届特区首长的行政长官卸任在即，我随多个公务员团体代表到政府总部拜访，也顺道与行政长官话别，有代表感谢长官为特区的发展做了很多工作，但特首只是谦逊地说(大意)：我没有做过什么大事，只是幸运地把澳门从一个烂摊子的位置拉起来，因为起点低，所以较为容易。行政长官是客气话，经历过回归初期那种局面的人，当然明白事情绝不简单。1997 年爆发亚洲金融风暴，影响延续几年，澳门回归正值这段时间。澳门和香港同样受金融风暴影响，但香港底子厚，库房里有 3000 多亿港元储备，随时可以动用应急，但澳葡当局离开时，库房只留下 26 亿澳门元，另外一点钱是在过渡期中，按规定澳葡政府卖地拨归未来特区政府的 84 亿元，这点家底要应付全球性的金融动荡殊不容易。

回归初期的 1999 年至 2002 年期间，澳门的失业率在 7.6% 至 7.9% 之间，社会躁动不安，所以逢五一节必有人组织示威游行。2000 年五一节，警察在沙栏仔街口附近架起铁马栏栅，要阻止游行人士进入新马路商业中心区，拦阻虽然成功，但失业大军的生活问题依然存在。于是特区政府与民间团体合作，一方面由爱国社团向社会发动筹款支持贫困家庭，政府也拨出4亿澳门元开办文化班，失业人士每月可以拿到2000多元的补贴，以此舒缓失业人士的困境。

2002年，特区政府决定开放赌权并发出三个赌牌。自1962年澳门博彩娱乐有限公司投得赌牌以来，独家经营赌场已经四十年了，可说是根深蒂固，利益关系错综复杂，要打破这种局面需要很大的勇气，结果三家中标公司同意缴纳毛利38%的税款，其中博彩税35%，毛利的1.6%拨入澳门基金会用作推动社会文化等公益事业，1.4%交付给经济局，用作更新社会设施之用。这项招标条款为未来特区的发展奠定了基础。不过，这是后话，当时是没有人料到将来会出现博彩业蓬勃发展的局面的。因回归前的那段时间，每年访澳的旅客只在700万人次左右，而回归年的博彩收益也只有140亿澳门元而已。开放赌权，投标的财团既要看回报率，也要对发展前景有信心，因为现实提供的数据，澳门博彩业那块肉并不肥美，要争夺瓜分的就只有那100多亿澳门元。

有危就有机，相信用来形容澳门特区的发展最为准确。

就业率过低的情况刚刚改善，2003年便发生“沙士危机”（SARS病毒），澳门虽然没有像邻近城市香港和广州那样，出现大批医护人员和市民伤亡的情况，但也有输入性“沙士”病例，人们闻“沙”色变，访澳的游客骤减，使依靠娱乐博彩业支撑的澳门经济跌入低谷。特区政府为了协助大家共度时艰，指示澳门基金会拨出5000万元，支持本地的服务性行业有效运作，居民组团作澳门半天游，每人可以有50元的餐饮补助，政府则负责支付旅游车、本地导游的费用。同时计划为出租车司机开办英语培训班等，虽然是“塘水滚塘鱼”，但这种措施，使茶楼饭馆有生意做，旅游巴和导游有工开。在沙士疫情开始受控时，祖国为支持香港和澳门两个特区，宣布开放自由行，约在2003年的6月中，因游客恢复访澳，社会各行各业逐渐兴旺，澳门基金会计划动用的5000万元只用了一半左右。澳门因祸得福，居民笑称这里是块吉祥地。

开投赌牌后两年(2004年)，银河集团属下的金沙娱乐场开幕，数以万计的内地游客排队入场，因客人太多挤爆了赌场的玻璃门，玻璃落地开花，澳门从此便展开了高速发展的神话。而金沙娱乐场的投资，在不足半年的时间内便收回成本，成为国际投资的佳话。澳门特区更像一匹千里马一样，高速向前奔跑。随着各个博企相继投入运作，2007年博彩收益已达838亿澳门元，澳门博彩业的收益举世瞩目，引发新加坡、菲律宾等国也计划开放赌禁，希望分一杯羹。

但是，发展不是一帆风顺的，2008年美国的金融海啸席卷全球，中国也收紧了自由行，靠外部经济支撑的澳门博彩业首当其冲，博彩收益增速放缓，2009年的增幅，由上一年度(2008年)31%的增幅，减至9.5%。而刚开幕运作了两年的金沙威尼斯人随即宣布停建第五、第六期的项目，并辞退8000多名到澳门赌场地盘工作的香港工人。公司计划删减大批的本地庄荷职位，因这项措施影响巨大，劳工团体经与资方谈判后，公司同意不炒人，但采用三个人的职位由四个人做的方式维持就业，藉此共度时艰。政府也同时推出减免招牌税、旅游税、小贩牌照税等各项惠民措施，同时决定向澳门居民派钱，第一次现金分享是每名合资格的永久性居民派5000元，非永久性居民则派3000元，政策延续至今，2018年永久性居民派9000元。而各项福利也相继出台，目前，每名65岁以上的长者，各种福利，包括现金分享、养老金、长者津贴等，每年便约有60000元的收入。所以，公园里的公公婆婆，一说起有钱派，都是笑逐颜开的，因为可以不用伸手向子女要零用钱了。现金分享，那是

陈显耀 摄

世界少见的政策。另外，特区政府在 2015 年前后拨出资源兴建 19000 间公屋，以舒缓上楼难的问题。

金融海啸，在世界范围内破坏力十分巨大，但对中国的影响则相对较为轻微，中国也是全球最快复元的经济体。澳门与祖国的经济状况息息相关，所以到了 2010 年，澳门的博彩收益又以较高的速度增长了，比对 2009 年有 57% 的增幅，达 1895 亿元，2013 年更以 3618 亿元收益创历史新高，这个赌收是拉斯维加斯的 6 倍。

回归后有两件特别值得庆祝的事，一是 2005 年联合国教科文组织将澳门历史城区列为世界遗产；二是 2017 年澳门被教科文组织评为“美食之都”。这是小城除了博彩业外最亮丽的两张名牌，也是澳门人引以自豪的事。

到目前为止 (2018 年中)，政府库房有 5000 亿澳门元，而近两年的政府开支每年是 700 多亿，超额储备达 3000 多亿，5000 亿是回归时库存 26 亿的 192 倍。这个数字说明，澳门特区在祖国的支持下以及全澳市民的努力下，经济实力已今非昔比。

澳门有 65 万人口，2018 年 6 月世界银行公布 2017 年的人均 GDP，澳门是 80893 美元，世界排名第二，亚洲第一；不过，高增长的同时，也引发了许多问题，例如今天与回归时的房价相比，跃升了十倍以上，紧随着租金高昂，物价涨幅惊人。而每年近 3000 万游客访澳，也引起城市承载力的问题，这些都是必须解决的问题。中央政府关注到澳门发展的难题，所以国务院批准澳门填海造 5 幅土地，也将 85 平方公里的水域拨归澳门管辖，这些举措为特区的未来发展提供了更为坚实的基础。

澳门特区经过近二十年的发展，已摸索到一条稳健的发展道路。社会政治稳定，治安良好，回归前夕那些天天杀人放火的情况早已不再发生。有朋友说："特区成立，并没有大规模捉人锁屋，但整个社会的治安却迅速扭转了，大概是特区政府拥有强大的震慑力吧。"

在祖国的大力支持下，填海得到大量土地，库房由只得几个铜板变成"水浸"①，有地有钱，哪有解决不了的事？加上澳门积极融入大湾区，相信不久的将来，现在上楼难、交通挤塞等民生问题必将得到解决。展望未来，澳门是充满希望的，人均 GDP 名列世界第一，并不是一个遥远的梦。

公荣，本名李公荣。广东省中山市出生，童年随父母移居澳门，后因家境穷困辍学到社会上打工，先后干过的行业有表带厂、饼店、百货公司等；后进入政府部门。现在是《澳门日报》专栏作者。

①水浸：粤语词，指街上积水，被水淹。文中指钱很多。

有一种幸福叫作成长

陈浩星

香港回归祖国三个月后，我的第三个孩子出生了，日月推迁，眨眼之间澳门也将迎来回归二十周年的喜庆，当年呱呱坠地的黄毛小子，今天亦已变成颀长玉立的阳光青年，时光飞逝，快到令人难以想象。

人生和社会没有时间差，澳门二十年给我的感觉是岁月催人，就像襁褓小儿一夜成长，出落为成人，令人欣慰，但是为人父母者也付出很多，此中甘苦，自知而已。

只要家有儿女和特区政府同龄，人们就特能敏感于澳门的成长，点滴在心头。

澳门是我家，自然有大大小小的家庭；家庭之内有兄弟姊妹，自然有这样那样的家庭矛盾。只要是家庭成员，就会无时无刻处于矛盾之中，待一一拆解，但这无碍于我们享受儿女成长之乐。内地作为澳门的坚强后盾，应该说该做的能做的都做了，而且不断有倾斜的政策支持澳门融入区域经济，参与国家的发展；国家日趋强盛，澳门也在成长。

儿女在身边，朝夕相处，家长其实是不大觉得他们成长的，因为没有距离。我们在这蕞尔之地土生土长，半辈子都习惯了澳门的裹足不前，浑浑沌沌，葡人据居于此，身份是过客，没有全心为澳的义务，澳门发展空间极其有限，但是回归却有了比较。

澳门刀耕火种的历史可上溯至先秦，但这里所发生的一切有文字记述，却是近五六百年的事。大家熟知葡萄牙人在明末借居澳门，19 世纪中叶鸦片战争是一个转折，我国迅速衰落，鹊巢鸠占，葡萄牙逐步在

陈显耀 摄

澳门实行殖民管治，直到中葡透过谈判，澳门在 1999 年 12 月 20 日回到祖国怀抱。

我不厌其烦复述这段历史，旨在说明两个事实：内地对澳门从无隔膜；澳门长年依存于内地。压缩这几百年间发生的事情，澳门虽为葡占，从情感上并未离开母体。待到 20 世纪末澳门回归祖国，是顺天应人之举。澳门地小人少总量轻，这几百年大多数时间是在平淡中度过，波澜不兴；一度处于中西文化交流的前缘，似乎是历史的偶然选择，谈不上有深远的发展。澳门的真正成长，是从 1999 年回归祖国开始，在中央授权及全面支持之下，实行高度自治，澳门居民享有掌握自己发展的权利。

这里华人居民占绝大多数，许多人原籍广府，数代以前迁澳，累世而居，保留了中国人的传统美德；近四十年国家实行改革开放，内地移民甚众，贡献了相当多的建设力量。这样的居民组成，使得澳门人的文化背景、思维方式、生活习惯和内地同胞没有显著不同。回归的两个层面，一是治权，重归于中央政府；二是人心，澳门居民何曾离开过祖国！

澳门的回归和香港的几经波折不同，几乎没有任何悬念，“风正一帆悬”。有人归结于澳葡管治后期的社会种种乱象，人心思治，其实更根本的是人心向背，早已分明。

澳门回归祖国即将二十周岁，当年的小儿已成长为澳门的新生力量，他们沐浴在国家和平发展的春风中，只要有担当，就能和祖国同呼吸，共命运，把握中华民族的未来；回想从前，我们完全不可能拥有这种发

陈显耀 摄

展机遇，这都拜回归所赐。今人胜旧人，这是幸福的成长。

犹记犬儿出洋升学，做爸爸的只送到码头，这个澳门人所生的傻小子从小给宠坏了，性格内敛，不轻易流露感情，但是在香港临登机的一刻忍不住给家里发了一个信息："我爱爸妈！我爱大家姐二家姐！"在那一刹那，我感到十分安慰，因为儿子心中有爱，学会感恩，而且懂得家庭的概念。

据说含蓄朴实、不善言语是澳门居民的特点，连纯粹的爱都不知如何表达，但有一种幸福叫做成长，作为中华民族的一分子，家是国的基本组成，与国家同命运共呼吸，在回归二十周年的前夕，我很愿意讲一句："我爱祖国！我爱祖国的大家庭！"

陈浩星，澳门出生。曾任澳门艺术博物馆馆长。故宫研究院书画研究所、中外文化交流研究所特聘研究员，西泠印社理事。2015 年获澳门特区政府颁发文化功绩勋章。

重生的廿年

李文娟

廿年前，刚回归祖国怀抱的澳门，可谓一穷二白；廿年前，刚定居澳门的我，可谓一贫如洗。人的一生，其实没有多少个廿年；澳门回归以来的廿年，恰好也是我渐渐融入澳门的廿年。眼看着澳门的变化，心想着自己的变化，既有着蜕变的喜悦，更有着重生之感触。

1999 年 12 月 20 日，深夜，约一时，报馆工场主任胡德走进校对室，说："谁有兴趣和我落街①派号外②？"我手上的工作刚完成，就说："我来吧！"

说真的，因为回归，我还真是头一回看到澳门报纸的号外；不过，回归以后，澳门实在有太多的"头一回"，太多的令我惊喜了。

那一晚，很多人到了关闸那边迎接解放军进驻澳门，站在寂静的街道上，每当有人或有车经过，我们俩都热情地迎上去送上一份号外："澳门回归了！"人们异口同声地响应道："这么快？太好了！"

是的，这么快！倏忽间，澳门回归祖国二十年了！太好了！澳门这二十年来变化太快了！

我与澳门的缘分，或可从 1991 年春节来澳探亲时说起。头一回在喷水池前地看到人们以最传统的方式舞龙舞狮，由葡萄牙人总督领头向市民拜年派利市③；修护完好的中西式建筑物，充满异国风情的街道；

①落街：粤语，指上街去。
②号外：临时编印的报刊。
③利市：粤语，指红包。

人们热情而友善的脸孔，当其时，我内心的震撼无法言喻。

所以，其后遭逢巨变时，我顿然生起了“去澳门吧”的念头。只是，当时由于信息的闭塞，我并不知道，来澳定居四年后，澳门就回归祖国了。

澳门回归了，却接连遭遇金融危机后的经济萧条及“沙士”（SARS）疫情的窘困，连续四年，澳门经济总值都是负增长。其时的澳门，据官方统计，人口约为四十二万，本地生产总值约六百八十五亿澳门币，年游客量七百四十万人次。2002 年，既无资源亦无产业的澳门，决定正式开放赌权。从此，澳门人向世界打开了一扇窗，世界向澳门打开了一道金光炫目的门。

回归廿年后，如今的澳门，以 2017 年为例，人口估计有六十五万二千一百人，本地生产总值为四千零四十亿澳门币，游客量为三千二百六十万人次。人口增长近五成，生产总值及游客量的增长皆以十倍百倍计。这种倍数的增长，给澳门带来的变化并不能单以量计，带来的更是质变性的改变。

回归前的澳门，半岛是一座悠闲的小城，一桥飞架南北，两个离岛仍保留着纯朴的乡村风貌。廿年后的澳门，半个半岛面积的旧城区在 2005 年被联合国教科文中心划列为“世界文化遗产”；两个离岛则俨然成为东方拉斯维加斯、亚洲最纸醉金迷之所在。

而我呢，刚到澳门时的确一贫如洗，经过廿年的努力，我在澳门可谓安居乐业：有了一个安定的居所，完成了数个学位的学习，圆了少年

AIA

陈显耀 摄

时的文学梦；过程中虽然流过不少汗和泪，但如果不是来了澳门，我无法想象自己能取得这些个人成绩。在我来澳初期，仍不断有亲友劝我说：“太辛苦的话，就回来再说吧！”然而我坚持下来了，也庆幸自己坚持下来了。多年来，我耳濡目染的是，澳门人虽或欠缺一些自信，但并不缺少信心，乐天向上是澳门人的天性；淳朴善良的澳门人并不奢求飞黄腾达，只希望通过自己的勤奋工作可以安居乐业。我也坚信，在澳门，只要勤奋努力和坚持不懈，梦想总有达成的一天。

在不少人看来，澳门就是一块莲花宝地，充满着奇迹，充满着希望。在我看来，澳门是一块神奇的土地，面积虽然细小，然而面向南中国海，是海上丝路其中一个起点，千百年来沐浴着天风海浪，生生不息；岛上的人们去又来，留下的是人间的温暖和生活的智慧。

随着回归后“澳门学”的逐步升温，随着年轻学子学成归澳的人才积累，澳门的历史面纱正一点一点被掀起，澳门的历史价值正一步一步得到世人的确认。

澳门，从南中国大陆伸向海上丝路的一枝吉祥白莲花！它与祖国既是一脉相连的地理关系，更是唇寒齿亡的经济关系。四百多年来，即使在前澳葡当局管治下，澳门与内地却依然保持紧密且依赖性强的社会关系，华人华文一直是澳门社会的文化主流；难得的是，在澳门土生土长的葡裔人士同样认同及喜爱中国传统文化，放眼世界史，这也是罕见的社会现象。在澳门，不同文化共存共融的历史基础，造就了如今多元和谐的社会现实，这是澳门人的福气！

有祖国才有澳门，一直是澳门人的共识，“爱国爱澳”绝不是一句政治口号，它一直是澳门绝大部分居民的优良传统。香港回归时，滂沱大雨中，

陈显耀 摄

陈显耀 摄

解放军悄然进驻，香港人默然注目；澳门回归时，晴天丽日下，解放军昂首步过关闸，澳门人空巢而出热烈欢呼。回归时刻，此情此心，天人同鉴。

回归近廿年，澳门从一个渔村和小城蜕变成一个国际化都市，一切有赖赌权的开放。因为开放，引进了资本，引进了人才，引进了游客；当然，也带来了改变，带来了竞争，带来了治安问题，带来了利益冲突，带来了价值观的改变。当中，既有令人惋惜的遽变，也有令人欣喜的改观。楼价的飙升固然令人失望和恼怒，但更多澳门人得益于收入的大幅提高，

陈显耀 摄

生活水平得到大大改善，子女的升学和就业都不再是令人烦恼的问题。

不少澳门人记忆犹新的是，90年代，有数万澳门人要远赴台湾做廉价劳工，令不少家庭成为“伪单亲家庭”，衍生不少社会问题；时至今日，澳门每年有逾千学子有能力赴台读大学，更有不少台湾人来澳就业，不少台湾女子乐意当澳门新娘。自2007年，澳门特区政府每年更向本地居民派发部分盈余所得，更令澳门人成为不少国人眼中的羡慕对象。这些逆转和改变，不是一朝一夕间发生，是在这廿年来，由澳门人一点一滴努力累积而成。

澳门开放赌权成为“赌城”，有人说，澳门人执到一支好签；有人说，澳门经济从此驶上快车道；有人说，澳门社会从此走上了不归路；有人说，澳门只用了数年时间完成了别人廿年才做成的事。

说得对也好，错也罢，但千万不要忘记，伟大的祖国一直是澳门成功背后的坚强后盾——除了祖国，有谁肯助在“沙士”中绝望心灰的澳门人一臂之力？没有祖国,开放赌权后的澳门治安谁来担保？没有祖国人民，澳门旅游娱乐业如何遍地开花、经济产值年年高位数增长？回归廿载，澳门与其他地区一样，走过许许多多风风雨雨，但庆幸，有一双强有力的手始终在带引着澳门人，渡过一个又一个的难关——那就是我们的祖国！

现在的澳门，经过廿年岁月洗礼，已然长大成人，却也浮现出不少问题，令前进的步伐并不协调，仿佛有点“巨婴症”的显露——整个基层社会已经成长成熟起来，上层架构却仍然蹒跚不前，停留在“五十年不变”的思维阶段。不知道是否要再耐心等待廿年，这个“巨婴”才真正健康地成长、向前迈进呢？这个世界是否足够仁慈，再给澳门一个千载难逢的廿年？

处身澳门廿年蜕变这个巨大漩涡之中，我们是否仍能清醒地谨守本分？抑或不由自主地被巨流挟裹？澳门人自当要明白，上天从来不会眷顾耽于安逸的人，从蹒跚学步的小孩到趑趄向前的少年，澳门人要学的东西还有很多，澳门人要走的路还有很远，澳门的前景仍然很广阔。

廿载回眸，精彩的与气馁的、困难的与胜利的，风雨同路的每一个时刻，澳门人与澳门一同度过，祖国与澳门一起度过。

李文娟，笔名花语。《澳门日报》副刊编辑，专栏作者。个人作品有饮食专访合集《澳门味道——饮食老店铺45家》、散文选《吾心吾乡》。

二十年·这些年变作了那些年

李宇梁

二十年，是个什么概念？

将二十年丢进宇宙里，它什么也不是；把它送给一个婴孩，可以让婴孩变为成人；把它消费到科技上，可以将固网电话年代穿越到5G网络时代；把二十年投资到一个城市身上呢？

对我来说，1999年回归后的澳门不是渐变，是一下子突变，又或者像电影的蒙太奇(Montage)，从一个模样一下子经几个镜头剪辑到另一个新模样。于1995年离开，回归后十年我才正式回流澳门，作为游子，期间两三年才短暂回来一次，因此，这城市的变化在我印象中是跳跃式的，十年的变化是以每三两年作为一个单元来组合完成的，然后才在随后的第二个十年里天天瞧着她的改变。

小城变大了，居然让土生土长的我迷了路。

回归后初回澳门，印象中的城市变了样，小城变大了。从面积上看，它由回归前澳葡时代的窈窕淑女身材蜕变为回归后富态的少妇身形。变大了的城市居然让我迷了路，我曾经对它的肌理脉络是如此熟悉，多少年来走遍大街小巷，街道建筑、楼上客、街上人都似曾相识，城中人不过就是街坊。这些年，沧海变了桑田，这城市的图籍被填大了。离开小城那些日子，我有一回短暂回来，就曾迷失于新口岸、南西湾、筷子基。

小城大变了，居然将土头土脑的我迷惑了。

小城的样貌风情大变了。那些年，小城是个含羞的少女，朴素恬淡悠然，淡扫蛾眉，不施脂粉，惹人怜。蓬门半开，“花径不曾缘客扫”。走过了二十年，少女变成了盛妆的少妇，万种风情，身上闪烁着珠光宝气，“蓬门今始为君开”，迎客挥一挥满手钻戒指环，迷惑了众生，迷惑了我。

从前，满街满巷的街坊小铺，一城的老店老号，配上每一张叫得出名字的熟稔的店主的脸孔，为小城的街里街巷注上了标记，合成装置出一座叫做“澳门”的城市。约在九记、龙记、金池、巧华洗衣，——你不用说仔细，咱们都知道在哪儿等。每一间老店，都在我们的认知里配置了一个印象、一个形象。那时候，真的以为看着我们成长的那些老店会和这城市一起海枯石烂。

然后，经历了这二十年变化的洗礼，城市回归、赌权与旅游政策开放，小城改变了，我们改变了，或者，被改变了。这些年，我们不停与逐渐隐去的老店老铺说再见，嵌在里巷的老号的灯逐一熄灭，大道上换上华丽炫目的霓虹灯饰。城市被重新合成装置，从头装饰，小街坊变身为烟花地。小城富了。回归是一条分界线。

今天，手信、化妆、品牌、名店繁盛了街巷，披上老店外衣的新店以消失的情怀招揽游客，地道的我们就只能在回忆里品味，在缅怀中回味在味蕾上消失了的澳门。城市换上了新貌，小城阔了。我们仰望围在城市裙边的高楼，头得愈抬愈高，华厦愈来愈高巨，距我们愈来愈遥远。

小城变小了，让向来步履匆匆的我寸步难行。

那些年，小城海阔天空任我行，闲庭信步于凼仔、官也街，恣意奔跑于牌坊、新马路街头，随意驻足街边小吃，我自把持走路的节奏，呼吸自在。这些年，这城市逐渐变小了，倏然膨胀的繁华压缩了城市的空间，新马路、喷水池、牌坊变身成为清一色的名店街，一旦挤进那儿的人潮，就只能随着它的节奏移动，呼吸不再自在。小城的生活阔了富了，但小城将空间连着生活闲适卖给了自由行游客以换取 GDP。向来步履匆匆的我，挤在自由行游客潮中变得寸步难行。昔日，闲时我爱在邮局前喷水池徜徉，今日，如果不想在威尼斯人游荡，还好有旧城区可逛，历史古城区被列入世界文化遗产名录，是澳门回归成为特区后的大礼。从没有名分的城市乡村到位列世界文遗册，回归是一条分界线。小城变得更小了，名气变大了。

回归之后，小城着上了色。

回归是一条分界线，之前之后是两个景观。过去的澳门是黑白色，今天，城市彩化了，耀眼缤纷的娱乐场激光在澳门的天空画上彩虹，一座一座金碧辉煌的综合娱乐场将整个城市装饰得色彩斑斓。娱乐场的光亮了小城的大半边天。

回归前这些年变作了回归前那些年，有些人享受这些年的繁华，有些人缅怀那些年的情怀。当目下这些年又变为那些年，人们会缅怀哪个那些年？在一天可以踏遍巴黎人威尼斯人银河、淘尽金沙的年代，我独爱逛下环街。

回归之后，制度没变，是生活在变，城市在变，金光大道在变，还好，我们的十月初五街不变，下环街没变；缺了一抹闲适，小城还留有一抹荷香。

李宇梁，著有《李宇梁剧作选》《红颜·灭谛——李宇梁长剧选》及《上帝之眼》《狼狈行动》等小说。曾获“纪念李鹏翥文学奖”、澳门文学奖、澳门文学节小说奖、澳门中篇小说奖、微型小说奖、电台广播剧奖、香港戏剧汇演最佳编剧奖。

阅读澳门

柯秉刚

没有去澳门之前，澳门是一座“赌城”的印记简直挥之不去，而到了澳门，并用心去阅读澳门时，发现澳门的许多世事是外人所不曾认知的，澳门内里，其实是一个文化魅力十足的城市。

借读

想去看山上风景的人，习惯于向刚刚下山的人打探打探。而要把脉某个城市，最直接的方法是逛逛它的图书馆、博物馆，图书馆、博物馆是你认知这座城市的大门。记得 2007 年初到澳门时，第一站就是在朋友的陪同下走进黑沙环黄营均图书馆。看报看报题，看书看封皮，看介绍，就有点儿想把满书架的书收入囊中的冲动——当然是不可能的，最终还是以朋友的名义借了《澳门叙事》《澳门掌故》《镜海钩沉》《澳门：殖民沧桑中的文化双面神》等四本书。回到住处，便立马挑灯夜战，先从书本上，也可以说先从理论上来认识认识澳门。人家说，好记性不如烂笔头，对于那些应掌握的、重要的人和事；对于那些自己很有兴趣的，便随手记录在自备的本本上，说不定日后还可以作炫耀的资本哩！

“文化既被理解为生活的方式——包括思想、态度、语言、惯例、制度以及权力结构，也是一系列的文化实践——包括艺术形式、文本、各种准则、建筑、大批生产的商品等等。”葡萄牙人进入澳门后的四百余年间，澳门既包容了不同文化，同时也避免了文化差异与冲突所带来的破坏，从而形成别具一格的澳门城市文化。以宗教信仰为例，在澳门，

陈显耀 摄

“每平方公里内，教堂和小礼拜堂超过世界上任何宗教城市”。佛教和道教方面，“澳门大约有八十间庙宇，但这个数字并不包括街上的和大门入口处经常见到的祭桌和壁龛”。于此，人们便把澳门冠之以“玛利亚之城”（圣母玛利亚）、“天后之城”（道教海神妈祖）和“观音之城”（佛教慈悲之神）。在澳门，信仰三位女神的人各自有着团体和组织，各自传播着本教的教义，而又从不相互干涉。数学上三点确定一个平面，在澳门，三位贞洁女神分别与澳门人长相厮守，并成为澳门的一道最亮丽的风景线。

翻阅一本本说澳门的书，等于打开了一扇扇认知澳门的窗户。一次偶然机会，认识了澳门图书信息管理协会会长王国强先生，与王先生聊起澳门的图书馆业时，他真的是如数家珍。澳门总面积才三十平方公里，而在这三十平方公里的范围内，就有二百八十六家各类图书馆。按数学上所说的平均值计算，一平方公里的范围内，差不多就有十家图书馆。图书馆的密度如此之大，所以人们戏称："澳门转角就是图书馆！"

王先生介绍，在澳门借阅图书最为方便，比如住在黑沙环的人，看到所要借的书在白鸽巢图书馆有库存，于是就去白鸽巢把书借回来。看完后呢，当然不必亲去白鸽巢图书馆还书，而是直接把书交到自己楼下对面的黑沙环图书馆就可以了。在澳门，除了固定的图书馆，还有流动的汽车图书馆，为了方便借阅，汽车图书馆总是在预定的时间内开到居

陈显耀 摄

陈显耀 摄

民区的预定点，你只须坐电梯下楼，再轻移玉步，就可以借到心仪的图书。听了王先生的介绍，便感觉借书有点儿被请客的味道，酒水已经备好，菜肴已经上齐，主人也已经再三谦让，就等着你亲自动筷子了。如此真的让人眼馋。

走读

人们把行万里路与读万卷书联系在一块。在行走的过程中，你如果不是一眼观天，一眼观地，而是用双眼去看，认认真真地看两遍；你如

陈显耀 摄

陈显耀 摄

果不是左耳朵进，右耳朵出，而是两只耳朵都在听，并且都听进去的话，在认知上收获绝对颇丰。在澳门的那些日子，我自己喜欢背个相机到处走，到处看，走着走着，看着看着，走进了历史的澳门，看到了澳门的曾经。

莲峰庙是一座有着四百多年历史的古庙。庙内供奉有左史仓圣、右史沮圣两位尊神的文昌殿，更有现在来说，已经是比较罕见的并且与仓圣、沮圣这二位尊神相呼应的“惜字塔”。自古以来，人们把尊崇仓颉、沮诵与“敬惜字纸”等同看待。“敬惜字纸”代表着敬重文化，尊重知识。从宋代开始，凡是写有字迹的废纸是绝对不可随意丢弃或者践踏的。必须将废弃的字纸放进字纸篓，集中起来，送往焚烧字纸的“惜字塔”，焚烧成灰。每隔一段时间，便开坛祭祀仓颉、沮诵，然后将字灰送至大江大海。为了不让字纸遭受践踏，在一些文化人比较集中的地方，还成立专门收集字纸旧书加以焚化的惜字会。早在光绪初年，莲峰庙就成立了惜字会。根据记载："惜字会雇人每日负筐上街，沿途捡拾有字之废纸，满篮满筐，携回庙内，在后园中结一文塔式砖炉，将之焚化。"而这座"文塔式砖炉"现在依然完好地保存在莲峰普济学校的花园内。今天，废弃字纸有着固定的回收，也不存在在"文塔式砖炉"内焚烧了。然而"文塔式砖炉"依然耸立着，它的存在，见证着当年澳门对文化的尊重，同时也在推演着中华民族的文化传承。另外顺便说一句，莲峰普

陈显耀 摄

济学校是九十年前由莲峰庙创建的义学。

如果你是带着思考的眼光，带着探个究竟的想法去看澳门，会发现历史上的澳门人对文化的追寻并不逊色。比如一百多年前，成功商人卢氏家族有着强烈的“富贵在文章”的念想。位于大堂巷 79 号的“卢家大屋”，是卢氏家族的大宅之一。走进大屋，其建筑风格，通透的天井、宽敞的客厅、幽静的居室，屋内装饰着砖雕、灰塑、横披、挂落、蚝壳窗，百年来毫发无损，让人叹为观止！

而当你站在二楼看到对面墙壁上一幅题名为“鹦熊夺锦”的雕塑画，不仅仅是叹，更是赞了。画的两旁各赋诗一首，右边：“十年攻书问学堂，要知富贵在文章，鳌头涌出千心动，丹桂开时万里香。”左边：“三汲浪中龙爪现，九天云外凤呈祥。状元二字题金榜，直到皇都作栋梁。”两首诗都没有注明是谁所作，落款“光绪已丑年”，即 1889 年，说明卢家大屋从落成到现在差不多已经有 130 年历史。面对“鹦熊夺锦”，可以知晓主人绝对深悟“书中自有千钟粟”；书香传家是他们的最大念想。只有那样，别人才会“千心动”，自己才能“万里香”。

“门从积德大，官自读书高。”这是镌刻在卢家大屋神龛上的一副对联。卢氏家族不光注重自家人走读书求财、读书做官之路，同时还联合他人办起义学，让贫困家庭子女能读上书。他们如此敬重文化，不能不让人刮目相看。

听读

教育是一项伟大的事业，人的命运决定于教育。澳门回归以来，特区政府把教育放在首位，大学发展到目前的十所。从首任特首何厚铧时代开始，澳门就推行十五年义务教育。为了确保学生安心读书不辍学，一直以来，政府针对学生的具体情况，推行书簿津贴、家庭经济困难学费援助、膳食津贴、学习用品津贴、学费津贴等等，政府重视，社会紧随而上。在澳门，每年秋季开学前，似乎成了“奖学季”，澳门基金会对整个澳门的大中小学学生，澳门各社团对成绩优秀、品行出众的在读子女，都要颁发奖学金（或者其他奖励形式），以鼓励学有所成，报效澳门，报效祖国。澳门有四五千个社团，各类激励学生的活动简直是争相上场。那时的大报小报，天天都有好些条激励新闻刊登。

政府决心大，社会力量强，随着世事翻新，老百姓更感受到知识的力量，读书的重要。我为了买手信，认识了一位陈师傅；为了理发，结识了一位张师傅。几番下来都成了见面熟，当然也免不了聊点家长里短。先说饼店陈老板，他开的是夫妻店，做了三十多年糕点。他天天熬夜到天亮才能休息，做的杏仁饼、紫菜蛋卷等除了卖给手信店一部分，他自己销售一部分，因此中午十一点时还得开门接客。他有三个和尚儿，自己很辛劳，他不想让儿子步其后尘，因此非常在意他们读书。说起儿子读书，老陈是满脸自豪。老大读完大学后，便去美国留学，学成归来，在一家金融机构上班，不久升为高管，薪酬比他老俩口的收入还高。老二在台湾读硕士，老三在澳门读学士，按照澳门各行各业目前对知识文化的要求，他觉得自己那二小子毕业后在澳门找份可心的工作绝对没有问题。

说到理发的张师傅，感觉文化程度不高的老张把子女的教育放到提高妇女地位的层面上来认识了。有句俗话叫“男怕五口”，一个男人靠自己的劳动来供养五个人是比较困难的。老张有四朵“金花”，太太纯属家庭妇女，靠他一个人理发赚钱养六个人，日子一直过得紧巴巴。为了帮衬家用，大女儿高中毕业就参加了工作。后面的三个，老张就督促她们好好读书。三个女儿真的也很争气，都相继考上大学，两个在内地，一个在澳门，统统读的是教育专业。现在老二毕业已经回澳门教书了，老三、老四读完大学还想继续升造。

老张说，老师这个职业对女孩子来说很好，风吹不着，雨淋不着；女孩子当老师，将来成家生子，对子女教育也有利。像我这样的普通家庭，女儿出嫁也给不了过多的嫁妆，可让她们有一份收入稳固而又让人羡慕的教师工作，一辈子也不会吃亏，我们这当父母的也就安心了！

前国务院总理温家宝2011年视察澳门时曾经深情地说：“澳门是有文化的！”城市的发展最终以文化论输赢，澳门是在成长中的世界旅游休闲中心，无论是政府或者民众都逐步认知文化质量是“旅游休闲中心”的凝聚力，都在践行着提高着文化质量。有理由相信，文化澳门，将会成为世界名片！

柯秉刚，大学哲学专业，曾经从事教育和报刊编辑工作，已退休。

澳门的转型年代

——写在纪念回归祖国二十周年之前

寂 然

时间过得真快。1999 年，我仍在澳门某中学任职老师，这是一所老牌的爱国学校。澳门特别行政区成立对全校师生来说都是头等大事，在那一年，身为一名初中班主任的我，除了要处理日常教学工作，几乎每一天的空余时间，都要带领学生排练表演节目，到排练完毕，还得确保同学安全回家。我记得，那一年我忙得天昏地暗，没有太多时间写文章和思考问题。

终于盼到 12 月 20 日，我记得，十二点整，中华人民共和国国旗和中华人民共和国澳门特别行政区区旗在澳门文化中心升起，那天我很早就睡了，因为醒来另有任务。天未亮，我就得打电话给我班的同学，督促他们起床，快吃早餐，准时回校集合。我记得，那天我和学生被安排在水塘附近，抵达现场时，已经人山人海，我们的任务是迎接解放军驻澳部队进驻澳门。我和我的学生挥舞着国旗和区旗，学校的领导引领大家叫“欢迎！欢迎！”的口号。当日下午，我们仍然要到位于凼仔的澳门运动场进行最后一次排练。

12 月 21 日下午，名为《濠江欢歌》的大型文艺汇演终于正式演出，由于已经排练了整整一年，我的学生精确地演绎每一个动作，每个人的表现都称得上是完美。一个划时代的转变，就在我们眼前发生了，由于一直在照顾学生和积极工作，在 12 月 20 和 21 日举世都在关注澳门的当儿，我没有太大感触。事后回想，我们除了近距离见证了回归，也可说是参与其中吧！我永远不会忘记这一年的这一班同学，他们跟我一起经历的事情比其他届别的学生多很多，由于彼此有缘在回归这一年遇上，我心中悄悄认定，他们应该可以称为澳门特区的第一代学生，我盼望着这一班同学拥有幸福快乐的未来，因为，他们过得好，也意味着澳门在回归后变得更好吧！

转眼之间，二十年过去了，回望这二十年来澳门走过的发展道路，绝对超出当年大多数人的想象。

丰厚的社会福利制度，十五年免费教育，相对完善的医疗保障，近

陈显耀 摄

乎全民就业，博彩收入节节上升，顶级旅游设施接连完成，澳门历史城区列入联合国《世界遗产名录》，成功举办东亚运、葡语运、亚室运等三个国际综合运动会，澳门大学搬迁到横琴并大规模扩展，获联合国教科文组织授予“美食之都”的称号……

如果光看以上成就，澳门的确是一个发展得不错的城市，她的面积虽然极小，但的确充分利用自己的特色和优势，在有限的空间中创造出无限的可能。然而，在快速发展的过程中，这个小小的城市又难以避免地遇上一些问题，有些更是挺不光彩的。

1. 高官贪污震惊社会。这过去二十年，澳门发生了两宗轰动一时的高官贪污事件。（一是首任运输工务司司长欧文龙，二是澳门首任检察长何超明，二人涉案金额均达上亿澳门元。）

这两起重大贪污案虽然说明了澳门的监察部门和司法机关一旦掌握证据，即会采取行动，不会因为犯案者官职高而退缩，但与此同时，这么高级的官员犯下如此严重的罪行，始终会影响特区政府的公信力，因此加强廉政建设，加大力度反贪，苍蝇老虎全面打，是特区政府的重要任务，也是广大居民所期盼的。

2. 交通问题长年困扰。澳门地小人多，每年又要接待超过三千万人次的旅客，交通压力可谓前所未有的巨大。这二十年来，澳门的公共交通承载力早已超负荷，政府对私家车及摩托车的数量控制力度有限，筹备多年的轻轨系统一波三折。公共交通一子错满盘皆输，这一环节的失误不但影响居民和旅客的出行，其实还限制了澳门的发展。澳门几十万居民每日都期盼着交通问题可以妥善解决，但愿我们可以看到这样的一天吧。

3. 小澳门心态。过去几十年，澳门背靠内地，与香港为邻，对于自己的地位从来都很清楚。一直以来，社会上都有所谓“大香港，小澳门”之说，过去澳门的旅客主要来自香港，上世纪八九十年代的香港又处于发展的辉煌时期，所以澳门总是以小弟弟自居，从社会经济发展到平常过日子的心态都觉得自己比人弱，澳门人什么都不懂，落后一点也是应该的，反正我们从来都没有当大哥，只是小弟弟啊！回归之后，国家给澳门的支持可以说是全方位的，澳门人也认识到要把握机遇，利用好国家给予的一切惠澳政策，尽可能把自身的长处展现出来。尽管如此，很多人仍然被昔日“小澳门”的格局所限制，有时稍微做出一点成绩，就很易自满，或者信心不足，继而停滞不前，缺乏持久的行动力和竞争力。回归二十年，如何从教育入手，培养澳门年轻一代的自信与自强，为特区日后的发展注入新思维、新动力，相信是一个不可回避的议题。

回归二十年让我们认识到澳门在历史的长河中因缘际会而获得的文化特色、地位优势，这二十年来我们利用这些优势，推动城市向现代化发展，当中有过令人欣喜的成果，但也遇过一些风浪和挑战。澳门是开放社会，在追求经济建设的同时，社会公义和社会保障是维持稳步发展的重要基石。

当年与我一起迎接回归的学生，如今正值盛年，他们多数已经成家立室，在不同行业有所发展。我最高兴的是看到他们甘于在自己的岗位上认真贡献，尽心工作，照顾家庭，默默耕耘，很少抱怨，保持当年艰苦排练的耐性，一切以大局为重，深信澳门的明天会更好。

下一个十年，我应该会看到他们的子女投身社会，当前特区政府的很多施政目标届时亦理应妥善完成了。但愿结合我们几代人的力量，澳门可以变成一个真正宜居、好玩、自由、民主、法治、包容、开放、多元、公平、公正的城市，在这个转型的年代，我们不一定会害怕转变，但会希望变得更好，变得更强，变出自己的特色和动力。

寂然，中国作家协会会员，《澳门日报》专栏作者，结集出版的作品包括小说集《有发生过》《月黑风高》《抚摸》《救命》，散文集《青春残酷物语》《阅读，无以名状》等。

图书在版编目（CIP）数据

记取归来时候——澳门回归祖国二十周年特辑 / 穆欣欣，廖子馨主编. — 南京：江苏凤凰教育出版社，2019.5

ISBN 978-7-5499-7942-4

Ⅰ. ①记… Ⅱ. ①穆… ② 廖… Ⅲ. ①澳门－概况－1999-2019 Ⅳ. ①K926.59

中国版本图书馆CIP数据核字（2019）第051380号

书　　名	记取归来时候——澳门回归祖国二十周年特辑
主　　编	穆欣欣　廖子馨
策划编辑	章俊弟
责任编辑	吴文昊
装帧设计	周　晨
封面摄影	陈显耀
出版发行	江苏凤凰教育出版社（南京市湖南路 1 号 A 楼　邮编 210009）
苏教网址	http://www.1088.com.cn
照　　排	南京新华丰制版有限公司
印　　刷	苏州越洋印刷有限公司（电话：0512-68180628）
厂　　址	苏州市吴中区越溪街道南官渡路20号
开　　本	889毫米×1194毫米　1/32
印　　张	7
版　　次	2019年5月第1版　2019年5月第1次印刷
书　　号	ISBN 978-7-5499-7942-4
定　　价	48.00元
网店地址	http://jsfhjy.taobao.com
公 众 号	苏教服务（微信号：jsfhjyfw）
邮购电话	025-85406265，85400774　短信02585420909
盗版举报	025-83658579